BIG MAGIC

「夢中になる」ことからはじめよう。

Elizabeth Gilbert
translation by
Natsuko Kanagawa
エリザベス・ギルバート
神奈川夏子＝訳

Discover

BIG MAGIC

「夢中になる」ことからはじめよう。

エリザベス・ギルバート
神奈川夏子＝訳

Discover

レイヤ、この本はあなたのために書きました。

問　創造性とは？

答　人間と、インスピレーションという神秘のあいだに存在する、結びつきのこと。

BIG MAGIC

CONTENTS

Chapter 3

Chapter 5

好奇心を信じ続ける

Last Chapter

ビッグ・マジックが起こした奇跡

Chapter 1

「恐れ」を乗り越え、充実した人生を送るには

あなたのなかに眠る宝を見つけよう

かつてこの世に、ジャック・ギルバートという詩人がいました。ギルバートといっても私の身内ではありません——もしそうだったらどんなにうれしいことか！

ジャック・ギルバートはとても偉大な詩人だったけれど、その名を聞いたことがなくても気にしないでください。彼は、作家として名声をあげることにまったくもって無関心だったからです。それでも私はこの詩人について偶然聞き知り、遠くからそっとではあるけれど、敬愛してやみませんでした。

そんなジャック・ギルバートについての話から、始めてみたいと思います。

ジャック・ギルバートは1925年、アメリカのペンシルバニア州ピッツバーグに生まれました。ピッツバーグといえば、煙と騒音にまみれた工業の街。そのど真ん中で、彼は子ども時代を過ごします。やがて工場や製鉄所で働くようになったギルバート青年には、かねてから抱き続けていたある夢がありました。

それは、詩人になること。

ためらうことなく、このうちなる声に従ったジャックは、まるで修道僧にでもなったかのように詩人への道を追究しました。彼にとって詩を書くということは勤行であり、神への愛の実践であり、恩寵と超越を追求するために立てた一生の誓いだったのです。私はそれが、詩人になるためにはじつにふさわしい方法だと思います。いや、**心を揺さぶり生きる喜びを与えてくれる天職になら、何だってそうすべき**なのです。

名声を得るだけの豊かな才能とカリスマ性に恵まれていたジャック。でも、名声を得ることにはいっさい興味を示しませんでした。

ところが、1962年に出版された処女詩集は権威ある「イエール若手詩人賞」に輝き、ピュリッツァー賞候補にまでなります。さらに、ジャックは評論家の支持を得るにとどまらず、一般読者の心までつかんでしまうのです。

現代の詩人にとってこれは、そう簡単には成し遂げられない偉業ではないでしょうか。いわく言いがたい魅力の持ち主だった彼は、人びとを虜にしました。男前で、情熱的で、セクシーで、朗読会などでステージに立ったときの輝きといったらそれはもう見事なもの！　女たちはその磁力に引きつけられ、男たちは彼を偶像のように崇めました。あまつさえ、『ヴォーグ』誌にゴージャスでロマンティックなジャックのグラビアが掲載されたこともあります。誰もが彼に夢中でした。ジャックなら、ロックスターにだってなれたに違いありません。

でも彼は、有名になることにはまるで無関心でした。

あるときジャックは、人気絶頂のさなかに姿を消します。あまりに騒がれて、詩作に集中できなくなるのを嫌ったのです。のちに彼は当時を振り返り、「自分が有名であることにうんざりしてしまったんだ」と語っています。セレブの世界が不謹慎で堕落しているから嫌いになったのではなく、むしろ、判で押したような日々になっていたことに飽き飽きしたのです。

何か、もっと豊かで、手ごたえがあって、変化に富んだものを探し求めたい。ジャックがそれまでの生活を捨てたのは、そんな理由からでした。

彼はその後ヨーロッパに渡り、そこで20年間暮らします。イタリアやデンマークを転々とした彼が結果的にいちばん長く住むことになったのは、なんとギリシャの山の上にある羊飼いの小屋！　ここでジャックは、答えのない人生の謎についてじっくりと考え、光の移ろいを見つめ、誰に見せることもなく詩を書くという日々を過ごしたのです。

恋も厄介事も達成感も経験して、幸せのさなかにあったジャック。生きていくのに多くは必要なかったから、いろんな仕事をしてどうにか食いつないでいました。

そうして彼は、自分の名前が人びとの記憶から消えていくのに任せたのです。

やがて20年の月日が経ち、ジャック・ギルバートはふたたび世間に姿をあらわして、新しい詩集を出版します。すると、1作目のときと同じことが起こりました。ジャックは文学界を席巻しておきながら、ふいにまたどこかにいなくなってしまったのです――今度は10年間にわたって。

これが、ジャックの行動パターンでした。隠遁生活を経て最高傑作を生み出し、ふたたび隠遁生活へ戻る。あたかも珍種の蘭のように、次の花が咲くまで何年も人々を待たせるのです。

彼が自分を売り込んだことなど、ただの一度もありませんでした。数少ないインタビュー記事のなかで、「出版業界に対する超然とした態度が自身の詩人としてのキャリアにどんな影響を与えてきたと思うか」とインタビュアーに聞かれ、彼は笑ってこう答えています。

「破滅的所業だったんじゃないかな」

そのジャック・ギルバートが晩年、どういうわけだかアメリカに戻ってきて、ノックスヴィルのテネシー大学で開講されている文芸クラスで教えはじめたのは、意外というほかありません。でも、この講義がなかったら、私には彼の名を知るよしもなかったでしょう。というのも私は、彼の任期の翌年（つまり2005年）に、たまたまこの授業を受け持つことになったからです（このクラスで教えるポジションは後に、冗談めかして「《ギルバートさん》の指定席」と呼ばれるようになりました）。

与えられたオフィスには、彼の著作が置いてありました。つまり、ジャック・ギルバートもこの部屋を使っていたということ。その空間には、詩人の体のぬくもりがまだ残っているかのようでした。

私はその部屋でジャックの詩を読み、その深遠な世界と、ホイットマンをつよく思い起こさせる詩風にすっかり打ちのめされてしまいました。「歓びを恐れるな」「世界は残酷な試練に満ちているけれど、ぼくたちは何があっても幸せを感じる才能だけは失ってはならない」〔詩集『Refusing Heaven（天国はいらない）』（２００５年）収録の「A Brief for the Defense（歓びに味方する）」より〕。

ジャックと私は、苗字も同じギルバート。私は彼の仕事とオフィスをそのまま引き継いで、彼の教え子の多くを教えている。そして今や、彼の詩にすっかり魅せられてしまった私。彼のことをもっと知りたくなるのはあくまで自然な成り行きでした。「ジャック・ギルバートってどんな人だった？」。私は、キャンパス中をそう聞いてまわりました。

「あんなにスケールの大きい人間には会ったことがありません！」。学生たちはみな、口を揃えてそう答えました。まるで別の次元に住んでいる人のようだった、とも。つねに新鮮な驚きをもって生きる詩人のたたずまいが、学生たちに深い印象を与えたのでしょう。

彼が学生たちに教えたのは、詩を作る「テクニック」ではなく、詩を作る「理由」だったといいます。歓びある生のために詩を書く。何があっても幸せを感じるために詩を書く。めいっぱい創造的な人生を送って、この世界の残酷な試練に対峙しようではないか。ジャックはそう、学生たちに語ったのです。

しかし、彼が学生たちに何よりも求めたのは**「勇気」**でした。勇気がなければ、いくら才能があってもそれを飛躍的に伸ばすことなど不可能。それが、ジャック・ギルバートの教えでした。**勇気がなければ、世界がどれだけ豊かさを差し出してくれたとしても、それを味わえないままに終わるだろう。勇気がなければ、きみたちの人生は小さくまとまったまま終わるだろう。おそらくきみたちが期待しているよりもかなり小さく。**

私は、結局一度もジャック・ギルバートに会うことはありませんでした。ジャックが2012年に他界する前に個人的に調べあげて彼を探し出し、存命中に会ってもよかったかもしれない。けれど、そこまでする気は起きませんでした。なぜって、憧れの人に直接会うのは要注意だと、経験上わかっていたから。ものすごくがっかりするかもしれないのです。

しかし、いずれにしても、私は自分の頭のなかで思い描くジャックがとても好きでした。彼の詩や、学生たちから聞いたエピソードをもとに作り上げたジャックのイメージは、スケールが大きく、とてもパワフルな人間だったのです。

想像上のジャックだけで満足していよう。私はそう、心に決めました。こんにちに至るまで、私にとっての彼はそんな存在です。心のなかに、しっかりと血肉となって生きている。もはや、私が勝手にこしらえた想像上の人物といってもいいぐらいに。

それでも、ジャック・ギルバートが現実にある人物へ与えた言葉だけは、決して忘れることができません。実在するその人物とは、テネシー大学のシャイな女子学生。彼女は私に、こんなエピソードを語ってくれました。

ある昼下がりの授業後。彼女を呼び止めたジャックは、彼女の作品を褒めたうえで、将来は何をしたいのかと聞きました。女子学生はためらいつつも、文章を書く仕事ができればいいと思っている、と答えたそうです。

するとジャックは、限りなく共感に満ちたまなざしで彼女に微笑みかけ、こうたずねたといいます。「きみには、勇気があるかい？　この仕事をやっていくだけの勇気を、持っているだろうか。**きみのうちに眠っている宝が、きみが〝イエス〟と言ってくれるのを待ちわびているよ**」。

創造的な生き方とは

みずからのうちに眠る宝を引き出す勇気が、あなたにはあるだろうか？　いかなる創造的な生き方も、それにどう向き合うか次第であると、私は信じています。

あなたにどんな才能が隠れているのか、私には知るよしもありません。あなた自身でさえ、ほとんどわかっていないかもしれない（気配くらいは感じているのではないかとは思うけれど）。あなたの能力や夢、欲望、秘めたる素質とは、いったい何なのでしょうか。

ただひとつ、確かに言えることがあります。それは、すばらしい何かが、あなたのなかに手つかずで眠っているということ。なぜなら、人間とは存在そのものがおおいなる秘宝だからです。

この宝は、天が人類に対して仕組んだ悪戯のようなもの。仕掛けたほうも仕掛けられたほうも楽しめる、最古にして最大の悪戯です。天は、人間の奥深くに見たこともないような宝石を隠しておいて、私たちがそれを探しているあいだ、傍観者を決め込んでいるに違いない。そう、私は考えています。

この宝を探す旅――それこそが、創造的な生き方にほかなりません。

したがって、**宝探しに出かける勇気を持っているかどうかが、退屈な人生と心躍る人生を分けることになります**。

この旅では、あなたが想像だにしていなかった宝を発見する場合も少なくないでしょう。その隠された宝こそ、「ビッグ・マジック」なのです。

充実した人生を送るには

私がここでいう「創造的な生き方」とは、かならずしもプロのアーティストや芸術一筋の人生を指しているわけではありません。ギリシャの山の上に住む詩人になれだとか、カーネギーホールで演奏をしろだとか、カンヌ映画祭でパルム・ドールを獲得しなければならない、などと言うつもりもありません（もしこうした偉業を成し遂げる夢があるなら、ぜひ挑戦してください。大きな成功を目指して奮闘する人は魅力的です）。

私は、もっと広い意味で「創造的生き方」という表現を使っています。それは、**「恐れ」よりも「好奇心」を原動力とする人生**です。

その例として、創造的に生きている人でここ数年でいちばん素敵だなと思った人物を紹介しましょう。友人のスーザンです。彼女は、40歳になってからフィギュアスケートのレッスンを始めました。

正確にいうと、スーザンはそのとき、まったくの初心者というわけではありませんでした。むしろ、彼女は幼いころから大会に出場していて、滑ることが大好きな女の子だったのです。

ところが思春期に入り、大会で優勝するほどの才能が自分にはないと悟ったとき、スーザンはスケート選手になる夢にみずから見切りをつけてしまいます（けなげな少年少女たち！　〝才能ある〟生徒たちは大勢のなかから正式に選抜されて、世間の〝夢と感動〟への過大な期待をそのか細い両肩に背負わされる。一方で、残された凡人は平凡で味気ない人生を歩むしかなくなる。なんというむごい仕組みでしょうか……）。

スケートをやめてから四半世紀、スーザンが氷の上には立つことは一度としてありませんでした。トップになれないならやっても仕方がないと、彼女は思っていたからです。

そしてある日、40歳の誕生日を迎えます。そのときスーザンは、疲れて気の抜けた中年女になっていました。焦燥感。くすんだ肌。重い身体。節目の誕生日に人びとがよくやるように、彼女もまた自分の人生を見つめ直してみました。ありのままの自分をいつわらず、軽やかで喜びに満ちて、そして……そう、創造的に生きていたのはいつだっただろう？

それがもう数十年も前のことだと気づいたとき、スーザンは愕然としました。

あの感覚は、10代のころにはたしかにあったはず。そう、まだスケート選手になる夢を追っていたころには。人生を謳歌させてくれたスケートを、こんなにも長いあいだ封印していたなんて……。自分自身にただ唖然としました。そして、スケートに対する思いが変わっていないかどうか、どうしても確かめてみたくなったのです。

スーザンは自分の心に素直に従い、スケート靴を買って、練習させてくれるリンクを見つけ、コーチを雇いました。こんなばかげた真似をするなんてあまりに勝手で非常識じゃないか。そうささやこうとする内心の声も封印しました。華奢で、妖精めいた少女ばかりのアイスリンクにたったひとりの中年女という状況で人の目がひどく気にもなったけれど、それもすぐに克服しました。

そうしてスーザンは、ただひたすら滑ったのでした。

週に3回の早朝レッスン。夜明け前に起きて、寝ぼけまなこでリンクに行き、日中のハードな仕事が始まる前にスケートの練習をする。まさにスケート三昧の日々が続きました。

そしてあるとき、スーザンは理解します。自分は今でもスケートが好きなのだ、と。それどころか、スケートを愛する気持ちは昔以上に強くなっていました。大人になってやっと、喜びに満たされることの大切さをかみしめる心のゆとりができたのかもしれない。そう、スーザンは考えました。

スケートのおかげで生きている実感が湧き、年のことなどもはや気にならなくなりました。ただお金を使うだけの空っぽな自分、日々の義務と義理を果たす以外に何をするでもない自分を、卒業したような気がしました。**みずからの力で、そして、みずからを素材として何か新しいものを生みはじめたのです。**

それはまさに、人生の大転回でした。氷の上でふたたびスピンを続けるうち、人生もまた、文字通り好転していったのです。

断っておきたいのは、スーザンは仕事をやめてしまったわけでも、家を売り払ってしまったわけでもないということ。いっさいの縁を断ち切ってフィギュアスケートのメッカ、トロントへ飛び立ち、オリンピック級の厳しいコーチについて週に70時間の特訓を受ける……なんてこともしていません。

そもそもこれは、主人公がどこかの競技会で優勝メダルを獲得してハッピーエンド、という話ではありません。そうなる必要もないのです。現実に、このエピソードが完結する気配はみじんもなく、スーザンは今も週に何回かの早朝スケート練習を続けています。

その理由はごくシンプル。日々のなかで忘れていた、美しく澄み切った心持ちを取り戻すためには、ほかの何でもない、スケートこそが最高の方法だからです。そして、この世に生ある限り、できるだけ長い時間をこの美しい超越の境地で過ごしたいと、スーザンは願っています。

そう。

これこそ、私が考える創造的人生です。

創造的人生への道のりや、そこに実りがあるかどうかは人によって大きく異なります。けれど、**創造的人生とはつまり充実した人生である**、ということだけはたしかです。スケールが大きく、幸せで、豊かな人生。そして、汲めども尽きぬおもしろさにあふれた人生。

自身の奥深くに眠る宝を発掘する作業をたゆみなく続ける――そんな生き方は、それ自体が芸術です。

「ビッグ・マジック」が眠る場所、それこそが創造的な人生なのです。

私たちは何を恐れているのか？

次に、勇気について考えてみます。

自らのうちに眠る宝を探っていく勇気がすでにあるのなら、何も言うことはありません。そのまま、意義深い人生を送っていってほしいと思います。心から健闘を祈ります。

でももし、そんな勇気はまだないというのなら。今から勇気を培っていくのみです。なぜなら、**創造的な人生とは勇敢な人間になる道のりなのだから。**

勇気が失われれば創造性もまた失われるのだと、誰もがすでに理解しているのかもしれません。恐怖心とは荒れ果てた墓場のようなものであり、そこでは、打ち捨てられた夢が照りつける日差しのもとで干からびていくのだ、と。

とはいえ、どうにも恐怖心を扱いかねるときがあるというのも周知の事実です。

人生をより創造的にしたいと思っているのにできない人は、いったい何を恐れているのでしょうか？　その原因は無数にありそうですが、そのうちのいくつかをここに書き出してみましょう。

・才能がない。
・拒絶されるか、酷評されるか、馬鹿にされるか、誤解されるか、最悪の場合は無視されるかもしれない。
・自分の創造性を生かせるマーケットがない。だから、がんばっても意味がない。
・誰かが自分より先にもっとうまくやっているのではないか。
・自分以外のみんなが自分より先にもっとうまくやっているのではないか。
・アイデアを誰かに盗まれるのではないか。そんな目に遭うくらいなら見えないところに永遠に隠しておいたほうが安全だろう。
・まじめに取り合ってもらえないのではないか。
・政治を変えたり、大きな感動をもたらしたり、芸術史に名を残すなど、他者の人生に大きなインパクトを与える仕事はできない。
・自分の夢はみっともない。
・創造活動のために時間と労力とお金のひどい無駄使いをしてしまったと、将来後悔するかもしれない。

・ふさわしい勉強をしてきていない。
・発明や研究に集中できるような、しかるべき仕事場、経済的ゆとり、自由になる時間がない。
・ふさわしい経験や学位を持っていない。
・太りすぎている(厳密にいうと体重と創造性に何の関係があるのかわからないけれど、たいていの人たちは自分が太りすぎだと思っているらしいので、おまけとして不安材料リストに加えておく)。
・素人、能なし、道楽者、またはナルシシストだと思われるのではないか。
・家族が「こんなことをさらけ出して」と、怒るのではないか。
・自分にとっての真実を表現したら、友だちや同僚の反応が気になってしまうだろう。
・心の奥に眠っている悪魔を呼び覚ましてしまいそうだ。そんな悪魔に向き合いたくない。
・頂点はもう過ぎて、あとは下り坂の人生が待っているだけだ。
・そもそも頂点なんか極めたことがない。
・創造性になど見向きもしないで長年過ごしてきた。今さら取り戻せるわけがない。
・何かを始めるには年を取りすぎている。
・何かを始めるには若すぎる。
・順風満帆なときもあったけれど、今後はそううまくいくはずがない。

・人生うまくいったためしがないのだから、わざわざ何かにチャレンジすることはない。
・一発屋で終わるかもしれない。
・一発も当てられないかもしれない。

挙げていけばキリがないので、不安の声に耳を傾けるのはこのあたりでやめにします。いずれにせよ不安材料は無限にあって、どれも気持ちが暗くなるようなものばかりだということ。

そしてこれらは、次の一言に集約できるでしょう。

「とにかく、怖い!」

そう、この世は、とにかく怖いものだらけなのです。

自分の弱さを守っても どうにもならない

ひとつ、お伝えしたいことがあります。私が偉そうに恐れについて語ってきたのは、**ほかでもない、この私自身が恐れとともに生きてきた**からです。むしろ、知り尽くしているとさえ言っていいと思います。

私は生まれてこのかた、ずっと何かにおびえながら生きてきました。赤ん坊のときからすでにビクビクしていたそうです。決しておおげさではなく、私の家族に聞いてもらえば、それが嘘ではないとわかってもらえるでしょう。私は、異常なまでに怖がりの子どもだったのです。最初の記憶は「怖い」という感情だったし、物心ついてからの記憶もほとんどが恐怖に結びついています。

子どものころの私は、小さな子なら怖がって当然だと大目に見てもらえるような状況（暗闇、知らない人、プールの深いところ）に限らず、数え切れないほどの極めて無害なものごと（雪、とっても優しいベビーシッター、車、遊び場、階段、『セサミ・ストリート』、電話、ボードゲーム、食料品店、先のとがった葉っぱ、新しい環境、動くもの……以下略）にもひたすらおびえていました。

つまり私は、自分のまわりには透明なバリアが張り巡らされていて、そのなかに嫌いなものが入ってくるたびに大泣きの発作を起こす、繊細で傷つきやすい生き物だったのです。父はそんな娘にいらだち、私を「ピティフル・パール（かわいそうなパール）」（50年代から70年代にかけて製作された漫画のキャラクターに基づいて作られた人形の名前）と呼びました。

たとえば8歳の夏、家族でデラウェア・ビーチに遊びに行ったときのこと。海を見て気が動転した私は、人びとがサーフィンしに海へ向かわないよう引き止めてほしい、と両親に頼み込みました（浜辺では、みんながタオルの上に寝そべって読書でもして、危険を冒さずにいてくれたら安心なのに。こんなささやかな願いもかなわないのだろうか）。
そして、もし望み通りにさせてもらえるなら、夏休みのあいだはずっと——というより、子ども時代はずっと——家の中で、母の膝の上に抱っこされて過ごしていたかったほどです（おでこに冷たいタオルを載せておけたら、さらに快適！）。

罰当たりなことを言うようだけれど、もしかしたら私は、自分の母があの恐ろしい「代理ミュンヒハウゼン症候群〔病気などのわが子を甲斐甲斐しく世話する姿をアピールして周囲の同情や関心を引きたいという症状〕」だったら、むしろ喜んでいたかもしれません。もしそうだったら、私は母と結託して、病弱で今にも死にそうな少女を演じるのです。チャンスだとばかりに彼女に全面協力して、完璧に無力な子どもになりおおせたでしょう。

でも残念ながら、私の母はそんなたぐいの人間ではありませんでした。

いや、およそかけ離れていたと言ったほうがいいかもしれません。

母はそれどころか、私の恐怖心などまるで気にも留めていないようでした。娘がどんなに大騒ぎしても意に介さない、そんな母を持ったことは、きっと私にとって最大の幸運だったのだろうと思います。

ミネソタの農家に生まれ育ち、タフで知られる北欧系移民の誇り高き子孫であった母は、わが子を腰抜けに育てるつもりなど毛頭ありませんでした。怖がってばかりいるなど、自分の監督下ではあるまじき振る舞いだとさえ思っていたでしょう。彼女は私に恐怖心を克服させるため、さまざまな計画を練りました。

しかし、その作戦はどれも直球勝負そのもの。まるで、お笑いショーでも見ているかのようでした。母はありとあらゆる機会において、私がいちばん怖がることをそのままやらせるという作戦に出たのです。

「海が怖いだって？　じゃあ、飛び込んでらっしゃい！」

「雪が嫌だって？　じゃあ、今から雪かきね！」

「電話に出られない？　じゃあ、これからは家の電話当番をやること」

……決して高度な作戦ではないけれど、一貫性だけはあった模様。

私は冗談抜きで母に抵抗しました。泣き叫び、ふてくされ、わざとヘマをやる。健やかな成長なんてものは断固として拒否しました。のろまで無気力で、ビクビクした子どもであり続け、「心身ともにどこから見ても弱々しい子ども」をアピールする。そのために、ありとあらゆる手を尽くしました。

しかし、そんな私を見た母の反応は次のとおり。「あんたが弱いわけがない」。

かくして私は、「わが子はたくましくて能力がある」という母のゆるぎない信念に、何年にもわたって抵抗し続けたのでした。

そんなある日、私が10代のころだったでしょうか。これはすごく変な戦いであると、ようやく気がついたのです。自分の弱さを押し通して、私はどうするつもりなのだろう？命をかけて守りたいものってこの程度のこと？　冗談抜きで？

こんなことわざも脳裏をよぎります。「欠点を正当化したら、あなたはその欠点にとらわれたままになるだろう」。

欠点にしがみついていたいだなんて、いったいどういうわけ？

……そんなのは、嫌だ。これが、そのとき私の出した答えでした。

だから私は、あなたも欠点にしがみつかないでいてほしいと、つよく願っているのです。

「恐れ」はなぜつまらないのか

「ピティフル・パール」を演じるのを、ついに、それもほとんど一夜にしてやめてしまったのは、なぜだったのか。これは、長いあいだ折に触れて頭をよぎる疑問でした。タフな母親、成長の過程……いろいろな要因が絡んだ末に、私は進歩したのかもしれません。

でも、最大の理由はこうだったのではないでしょうか。**「恐れ」という感情のつまらなさを、私はとうとう理解したのです。**

肝心なのは、長年周囲の人間をうんざりさせてきた私の「恐れ」が、思春期も半ばにさしかかって、ついに自分自身をもうんざりさせるようになったということ。ジャック・ギルバートが名声にうんざりしたのと同じ理由で、私も「判で押したような日々に飽き飽きした」のです。

15歳くらいだった私は、「恐れ」には多様性も深みも、実体も手ごたえもないのだということに、なぜだか気づいてしまいました。**恐れに支配されている限り、永遠に変化は訪れず、歓びもなく、驚くべき展開も予想外の結末もない**のだ、と。

「恐れ」。それは、ただひとつの音からなる歌のようなものです。一本調子で「ストップ！」の一語だけを繰り返す。「恐れ」は、おもしろくて機微に富んだ経験なんて絶対にさせてはくれず、ただひたすら強迫的な一語を最大音量で響かせ続けてきます。「ストップ、ストップ、ストップ、ストップ！」と。

その結果、私はわかりきったつまらないことしかしなくなっていました。それはちょうど、好きな結末を選択できる仕掛けの本ばかり読み、最後はかならずどうでもいいエンディングで締めくくるのと同じです。

「恐れ」がこうもつまらないのには、もうひとつの理由がありました。それは、**自分の「恐れ」は、ほかの人の「恐れ」と何ひとつ変わらない**、ということ。「恐怖の歌」の歌詞は誰にとっても同じ、あの退屈な「ストップ、ストップ、ストップ、ストップ！」なのです。たしかに、人によってこの歌の音量には差があるでしょう。でも歌の内容そのものは絶対に変化しません。なぜなら私たちはみな、母親の胎内にいるときに、人類共通にして均一な恐怖心を植えつけられるからです。

それは人類に限った話ではありません。1匹のオタマジャクシを入れたシャーレに手を近づけたら、オタマジャクシはきっと頭上の黒い影におびえるでしょう。この生き物は、詩も書けなければ歌も歌えません。愛したり、嫉妬したり、困難を克服したりもしません。脳みそが句読点ほどの大きさしかないこの生き物は、それでも、得体の知れない存在を怖がることだけは立派にできるのです。

そう、私にもそれはできます。

いや、誰にだってできるのです。だから、これほど勢い込んで語ることもないでしょう。つまり、正体不明の何かを怖がる能力があったとしても、それだけではすばらしい功績とはみなされないということ。そう、私は言いたいのです。「恐れ」はきわめて原始的な本能が呼び起こす感情で、言いかえれば、進化の過程で生存のために不可欠なものだったけれど、きわだってレベルの高い感情というわけではないのです。

しかし、少女時代の弱虫な私は、まるでそれが自分の最大の魅力であるかのように、「恐れ」に執着して過ごしていました。じつのところ平凡の極みであることも知らずに。

実際、私という人間のなかで「恐れ」は唯一、救いようがなくつまらない側面でした。私の持つ創造性は個性的だったし、パーソナリティは独特だったと思います。私の夢や未来の展望や憧れは、私にしかないものでした。それに対して「恐れ」は、私の個性とは対極の性質を帯びています。「恐れ」は名人が作り上げた稀有な工芸品などではなく、ただの大量生産品、どこにでもあるディスカウントストアの棚の上に置いてある商品にすぎないのです。

こんなものの上に、私は自分のアイデンティティのすべてを築き上げたかったのだろうか？

この、いちばんつまらない本能的な感情に？

私のなかに住む、原始的な脳しかもたないオタマジャクシのパニック反応に？

その答えは、ノーでした。

持つべき「恐れ」と捨てるべき「恐れ」がある

ここであなたは、より創造的な人生を送るために「恐れ知らず」になれ、という話が続くことを予想したでしょうか。でも私は、そちらへ話を進めるつもりはありません。なぜなら、「恐れ知らず」になるべきだなどとは少しも思っていないのだから。

創造性は、勇気を手に入れる道のりではあるけれど、だからといって「恐れ知らず」を目指すのは違います。「勇気」と「恐れ知らず」の違いを、ここでぜひ理解してください。

「勇気」とは、恐れを克服して何かをやってみる精神。
「恐れ知らず」とは、「怖さ」が何であるかがわかっていない状態。

もし「恐れ知らず」になることが人生の最終目標だとしたら、あなたは進むべきでない道に足を踏み入れてしまっています。私の知る限り、ほんとうに恐れ知らずな人間には2種類しかいません。ひとつは、正真正銘のソシオパス(社会病質者)。そしてもうひとつは、ものすごく無鉄砲な3歳児。彼らをお手本にしたいと思う人はまずいないはずです。

たしかに、「恐れ」は現実的に必要です。それはあきらかに、生命維持のために欠かせないものだからです。人間には、進化の過程で恐怖反応が備わりました。さもなければ私たちは、短く、混乱に満ちて、ばかげた生涯を送る羽目になっていたでしょう。車が行きかう道路を平気で横切ろうとしたり、森のなかをさ迷い歩いてクマの餌食になったりしていたかもしれません。あるいは、泳げもしないのにハワイ沖で大波に乗ろうとしたかもしれない。最初のデートで「一夫一婦制って人間の本来の姿じゃないと思うんだ」などとのたまった男と結婚してしまっていたかもしれないのです。
こんなふうにして命を危険にさらさないためにも、「恐れ」は必要不可欠です。

しかし、**創造的表現という領域においては、「恐れ」が必要になることはありません。**
あなたに「恐れ」はまったく必要ない。このことを強調しておきたいと思います。
といっても、恐怖心が皆無になるという意味ではありませんん。誓ってもいいですが、「恐れ」はいつだって顔を出します。とりわけ、あなたが創造性と革新性を発揮しようとするときに、「恐れ」はかならず敏感に反応するでしょう。「恐れ」はいつでも、創造性が登場するやいなや大騒ぎし始めるものなのです。

なぜなら、創造性とは、何が待ち受けているかわからない領域に足を踏み入れることだから。「恐れ」というのは、過剰な警戒心と常軌を逸した防御本能を発揮するよう、進化の過程でプログラミングされたものです。したがって、先が不確かなものごとはすべて、血塗られた恐ろしい死と分かちがたく結びつくことになります。

いうなれば、恐怖心とは、自分のことをアメリカ海軍特殊部隊の一員だと思い込んでいるショッピングモールの警備員のようなもの。人びとの「安全を守るため」にトンチンカンながんばりを見せ、何日も不眠不休で過ごし、レッド・ブルを飲んでハイになり、挙句の果ては自分自身の影に向かって銃を発砲するのです。

恐怖心は、人間としてきわめて自然な感情です。
少しも恥ずべきことではありません。
ただし、その取り扱いにはかなりの工夫が必要なのです。

「恐れ」に決定権を与えない

そこで、私が体得した「恐れ」対策をご紹介しましょう。はるか昔、私はある決断をしました。もしも創造性に満ちた人生を歩むなら――今これを実現しているわけなのだけれど――**「恐れ」に居場所を作ってあげよう**、と。それも、たっぷりとした広さのある居場所を。

「恐れ」と「創造性」は、どうやら離れて暮らすことができないらしい。彼らに平和共存してもらうためには、自分の内面にじゅうぶんなゆとりがなければならない。そう、私は考えたのです。

そもそも、私のなかの「恐れ」と「創造性」は結合双生児のようなもの。「創造性」が歩を進めようとすると、もれなく「恐れ」もついてきます。まるで、母親の胎内で一緒に育ち、同じ時間に生まれ落ち、臓器まで共有しているかのように。「恐れ」に対処するときに特別の注意を払わなければならない理由はここにあります。**「恐れ」をやっつけようとして、その過程でうかつにも「創造性」まで殺してしまうというケースがよくある**からです。

だから私は、「恐れ」をやっつけようとはしません。宣戦布告もしない。そのかわりに、「恐れ」をゆったりと受け入れることにしています。広々としたおもてなしの空間を用意して。

しかもこれは日課となっています。今この瞬間も、「恐れ」のためのスペースをこしらえつつあります。ここで時を過ごし、深呼吸し、脚を伸ばしてくつろいでもらう。こちらが抵抗しなければ、相手もやり返してきたりはしません。私がリラックスしていると、向こうもリラックスしています。どこへ行くときも、私は真心を込めて「恐れ」をお誘いします。新しいプロジェクトや大冒険の旅に乗り出すときには、次のような歓迎スピーチまで用意するのです。

「愛しい『恐れ』さん。これから私と『創造性』はドライブの旅に出ます。きっとあなたも一緒に来るつもりでしょうね……なにしろいつものことだから。あなたが、私の人生において重要な任務を担っていると自分で信じていて、それに真摯に取り組んでくれているのはよくわかっています。私が何かおもしろいプロジェクトを始めようとすると、かならず大パニックを引き起こす。それがどうやらあなたの仕事みたい。私が言うのもなんだけれど、それはかなりの腕前よ。やらなきゃいけないと思うならもちろんどうぞ続けて。ただし、この旅では、私自身にも果たすべき任務があるんです。それは、仕事に励み、集中すること。『創造性』のほうにも絶えず刺激を与え、奮起させること。そんな大事な役目が、私にはあります。この車には、私たちが全員乗ってもまだ広々としたスペースがあるから、どうぞくつろいでくださいね。でもひとつだけわかっていてほしいのは、**道中何であれ、決定権を持つのは『創造性』と『私』だけだということ。**あなたは私たち家族の一員。私はそれを受け入れて尊重しているからこそ、あなたを創造的活動から排除しようとは絶対に思いません。だけど、あなたが道中で何か提案してきたとしても、それを聞き入れるわけにはいかないんです。あなたの席も用意し、意見も聞きましょう。でもあなたに投票権はないんです。カーナビをいじったり、遠回りしようと言ったり、エアコンの温度を勝手に変えたりするのもやめてください。ラジオに触るのもだめです。そして最後に、いちばん大切なお願い。付き合いも長い友人のあなただけれど、絶対にハンドルを握らないでほしいのです」

こうして、私と「創造性」と「恐れ」は一緒に旅に出ます。今回も、未知の何かが待っている、怖いけれどすばらしいに違いない場所を目指して、いつまでも肩を並べたままで。

なぜ「恐れ」と付き合うべきなのか

壮大な野望を胸に創造の旅に出るあなたへ。たしかに、「恐れ」を一緒に連れていくことで、旅は必ずしも快適で楽なものにはならないかもしれません。でも、やってみるだけの価値はあります。なぜなら、**「恐れ」と上手に付き合いながら旅することを覚えなければ、魅力的な場所にも行けないし、やりがいある仕事も続けられない**からです。

それではあまりにもったいない。短く、一度きりしかない人生。驚きに満ちた、奇跡のような人生。真に取り組みがいのある仕事をして、真におもしろい作品を生み出しながら一生を送りたいと願うのなら、なおさらのことです。あなたの望みは、私にはよくわかります。なぜなら、私も同じ望みを抱いているからです。

私たちはみな、そんな人生を送りたいと願っています。

あなたのなかには宝が眠っています。それも、想像を絶するようなとてつもない宝です。私のなかにも、周りの人びとのなかにも、その宝は眠っています。それが日の目を見るためには、あなた自身が努力し、信念を貫き、集中力を高め、勇気をもって長時間、発掘作業に身を捧げなければなりません。時間は止まってはくれず、地球は回り続けます。

はっきり言います。つまらない考えにあなたの貴重な時間を割かないでください。

Chapter 2

インスピレーションとともに生きる

アイデアが降臨するとき

ここまで、「恐れ」についてじっくり見てきました。ここからはいよいよ、「マジック」について考えていきます。

まずは、私自身の体験からお話しします。これほど不思議な出来事が私の身に起きたのは、後にも先にもこのときだけです。

それは、私が書けずに終わった小説の話です。

時は2006年の春。『食べて、祈って、恋をして』という本を出したばかりだった私は、作家として次は何をすべきかを考えていました。そろそろ文学路線に戻って、もう数年も遠ざかっていたフィクションを書くべきだという内心の声が聞こえてきています。しかし正直、あまりに長いあいだ小説から離れていたせいで、書き方をすっかり忘れたのではないかという不安もありました。使わないうちに錆びついてしまった語学能力みたいになっていたらどうしよう、と。

ただそのとき、私にはある小説のアイデアがありました。それも、有頂天になってしまうほどの素敵なアイデアが。

それは、恋人のフェリペがある晩に語ってくれた、彼が少年時代を過ごした1960年代のブラジルで起きた出来事から着想を得ています。当時のブラジル政府は、アマゾンのジャングルを突っ切る巨大な高速道路の建設を立案したそうです。すさまじい勢いで発展し、近代化の時期を迎えていたこの国の人々には、きっとすばらしく前向きな政策であるとして歓迎されたことでしょう。

この野心的な計画に、ブラジルはかなりの額の国家予算を投入します。世界中の国際開発事業関係者も、何百万ドルもの資金援助を申し出ていました。そして、こうして用意された資金のうち目玉が飛び出るほどの額が、汚職と混乱のせいで闇に消えていきました。

しかし、最終的にはじゅうぶんな金額が、もたつきながらもしかるべきところに収まり、道路建設計画は着手されるに至ります。工事が始まってから数カ月間、万事は滞りなく運びました。建設作業も順調で、道路の一部は完成を見ます。ジャングルは人間によって征服されつつあったのです。

やがて、アマゾンは雨期に入りました。

雨期のアマゾンというものが現実に何を意味するのか、建設計画のプランナーは誰ひとりとして理解していなかったようです。建設現場は瞬く間に浸水し、立ち入ることは不可能となりました。建設チームはなすすべもなく、数フィートの深さの水の中に機材を残したまま、現場を立ち去るほかありませんでした。

そして、雨脚が弱まった数カ月後。アマゾンに戻ってきた彼らは恐ろしい光景を目にします。高速道路の建設現場が事実上、ジャングルに食い尽くされていたのです。自然の力を前に、注ぎ込んだ労力は水の泡と消えていました。まるで、作業員も道路もはじめから存在していなかったかのように。重機もすべて消えていました。盗まれたのではなく、ジャングルに呑み込まれたのです。「人の背丈くらいある大きな車輪のついたブルドーザーまで地面の中に吸い込まれて、消えたまま見つからなかった。何もかもが失われてしまったんだ」。そう、フェリペは言いました。

フェリペがこの話をしているとき、とりわけ、ジャングルが重機を呑み込むくだりで、寒気が私の両腕を走りました。うなじの毛が一瞬逆立ち、かすかに吐き気とめまいを感じました。恋に落ちる瞬間のような、気がかりな知らせを聞いたときのような、あの感覚を覚えたのです。崖っぷちから、美しく魅惑的な、しかし危険な何かをのぞきこんでいるときの戦慄にも似ていました。

このような兆候を感じたのは初めてではなかったから、自分の身に何が起きたのかをすぐに理解しました。これほどまでに強烈な感情的、身体的反応はめったに起こりません。でも、それを何と呼べばよいか判断できるくらいには経験を積んでいました（有史以来、世界中の人びとが同じ感覚を経験しています）。

そうです。このとき、**「インスピレーション」が私の身に降りかかったのです。**

覚えておいてください。アイデアは、こんなふうにあなたのもとへと降臨します。

アイデアが実るまで

少し、解説させてください。

これまで私は、人生を創作活動に捧げてきました。そしてその過程で、創造的な活動がどのように始まり、それに対してどう取り組めばよいかについて、私なりの指針を一通り築き上げてきました。

この指針の根底にあるのが、「魔術思考〔精神医学用語で、「魔術的思考／呪術的思考」と訳されることもある、実際には関係のないものごとのあいだに関係性を見出すこと〕」です。そのことを、私は強く確信しています。

ここでの「魔術」という言葉は、文字通り、『ハリー・ポッター』のホグワーツ魔法学校で学ぶような魔法のことです。「超自然」「神秘」「不可解」「非現実的」「神聖」「超越」「異世界」などとも表現されます。創造活動は魔術的な力によって成立していて、元来人間の力が完全には及ばないところで発生するものだと、私は信じているのです。

こうした考え方は、現代的で合理的な考え方とかならずしも相容れるものではありません。なにせ、非科学的もいいところですから。ついこのあいだも、ある著名な神経科医がインタビューに答えてこう述べていました。「創造のプロセスにおいて人は魔法にかけられているように感じますが、じつは魔法などではありません」。

権威ある先生がおっしゃることではあるけれど、私の意見はそれとは違っています。

創造のプロセスとは、魔法にかけられながら魔法を使うこと。

というのも私は、創造活動の仕組みについて次のように考えているからです。

地球上には、動物や植物、バクテリア、そしてウイルスなどが棲息しています。しかし、それだけではありません。地球にはアイデアも棲んでいるのです。アイデアは、肉体のない、エネルギーを持つ生命体だと考えられます。私たち人間からは完全に切り離された存在だけれど、やり取りすることはできます。

その奇妙なやり取りとは、次のようなものです。肉体を持たないアイデアには、意識があるうえ、間違いなく意志も備わっています。そして、アイデアはただひとつの衝動に突き動かされています。それは、「出現させてほしい」という衝動です。人間のパートナーを得なければ、アイデアはこの世に出現することができません。**私たちが力を尽くしてはじめて、アイデアを虚空から現実世界へとスムーズに誘い出すことができる**のです。

アイデアは私たちの周囲をいつまでも回り続け、喜んでパートナーになってくれそうな人間を探します（芸術、科学、産業、商業、倫理、宗教、政治など、あらゆる分野のアイデアがそうしています)。自分を生み出してくれそうな人間を見つけたアイデアは、その人――たとえばあなた――のもとを訪れて、注意を引こうとするでしょう。でもほとんどの場合、あなたはこれに気づきません。なぜなら、そのときあなたはもめ事や心配事、気晴らし、不安、仕事等々で頭がいっぱいで、インスピレーションを受けとめるだけのゆとりがないからです。

ほかにも、アイデアからのシグナルを見逃す原因はいろいろと考えられます。テレビを見ていた。買い物をしていた。怒りすぎたと後悔したり、失敗や過ちを思い返したりしていた。たんに、いつも忙しいせいかもしれません。アイデアはあなたに手を振って見つけてもらおうとします(数分間だけかもしれないし、数カ月間、あるいは数年間にわたる場合もあるでしょう)。でも、最終的にあなたには気づいてもらえないことが分かると、見切りをつけて別の人のところへと移ります。

それでもたまには、やってくるものを受け入れるくらいオープンでリラックスした精神状態のときが、誰にでもあるもの。めったにないけれど、すばらしいタイミングです。心の鎧が外れているときや、不安から解放されているときがチャンス。魔法は、あなたのなかにするりと入ってきます。あなたの心が開かれていると察した「アイデア」がアプローチを始める瞬間です。**インスピレーションを受けたときに誰もが感じる身体的・感情的な兆候(両腕に走る寒気、逆立つうなじの毛、胃もたれ、ワクワク感、恋に落ちるときや夢**

中になるときの感触）は、じつは「アイデア」の仕業なのです。

「アイデア」が仕掛けた偶然や前兆に毎日のように遭遇していると、あなたもそれに敏感にならざるを得ません。そのうち、ありとあらゆるサインが「アイデア」のほうを向いてごらんと言っているのに気づくでしょう。あなたが見るものや触れるもの、そしてあなたの行為のすべてが、「アイデア」の存在に結びついています。「アイデア」は真夜中にあなたを眠りから覚まさせ、毎日の習慣を狂わせます。あなたが全神経を集中して「アイデア」に向かい合うようになるまで、いつまでもまとわりつくでしょう。

そして、ふとした静寂の瞬間に「アイデア」はこうささやくのです。「一緒に仕事をしてみない？」

この時点であなたが出せる答えには、2通りあります。

「アイデア」の申し出を断った場合

いちばん簡単な答えはもちろん、たんなる「ノー」。

これで厄介事からは解放されます。「アイデア」は退散し、あなたは悩み多き創造活動にたずさわらずにすみます。

誤解してほしくないのですが、この答えを出した自分を恥ずかしく思わないでください。たしかに、怠惰や、漠然とした不安、心許なさ、不機嫌などを理由に、インスピレーションからの誘いを断ってしまうこともあるでしょう。でも、現実的にタイミングが悪かったり、すでにほかのプロジェクトに着手していたり、あるいはこの「アイデア」が自分向きではないと確信したりしたときに、「ノー」と言うのは当然だと考えるべきです。

アイデアからのアプローチを受けたにもかかわらず、自分には向いていなかったために断った経験が私にも何度かあります。そんなときはアイデアに対してこんなふうに丁寧に説明します。

「お声がけをいただいて、大変光栄です。でも私は、この任にはふさわしくありません。僭越ながら、バーバラ・キングソルヴァー〔1955年生まれの米国の詩人・小説家〕にお聞きになってみてはいかがでしょうか」（アイデアの申し出を断るときには、最大限の礼を尽くすよう心がけています。扱いづらい人物だという噂を彼らの世界でたてられたくありませんから）

とにかく、返事の内容がどうであれ、気の毒な「アイデア」には思いやりある態度で接したいものです。だって、考えてもみてください。**「アイデア」はただひたすら、自分を血肉化してほしいと望んでいるのです。**応えてくれそうな人間ひとりひとりに生真面目にコンタクトし、一所懸命がんばっているのです。そんな「アイデア」に「ノー」と言わなければならない。

「ノー」と言ってしまったら、あとはもう何も起こりません。

たいていの場合、人は「ノー」と言います。

ほとんどの人間が、人生のほとんどの時間を無為に過ごしてしまっている。そして毎日「ノー」と言い続けています。

それでも、いつかはきっと、「イエス」と答えられる日がやってくるのです。

「アイデア」の申し出を受けた場合

さあ、あなたはいま、「アイデア」の申し出に「イエス」と言いました。ここから、忙しくも愉快な展開が始まります。

シンプルだけど骨の折れる仕事が、あなたを待っています。インスピレーションとの正式な契約を結んだら、何が待ち受けているかわからないこの仕事を最後までやり遂げなければなりません。

この契約内容は、あなたが好きなように決めてかまいません。現代社会において相変わらずよく見受けられるのは、こんな「苦悩」系の契約です。私はみずからのインスピレーションを発揮するために自分とその周囲の人間を破滅させ、この仕事に殉ずることをもってわが創造性の正当性を証明するものとする。

苦悩する創造者となるからには、「苦しむ芸術家」のステレオタイプにできるだけ自分を近づけなければなりません。お手本はごまんといます。こうしたロールモデルに倣って、以下の基本ルールを守りましょう。飲めるだけ酒を飲む。あらゆる人間関係をめちゃくちゃにする。自分を責め、血まみれの自傷行為を繰り返す。自作についての不満をつねにぶちまける。同業者に嫉妬深く対抗心を燃やし、他人の成功をねたむ。自分の才能は呪われている（祝福されている、ではなく）と思い込む。他人からの称賛を自尊心の拠りどころにする。成功したら尊大になり、失敗したら自己憐憫にひたる。光よりも暗闇をありがたがる。若死にする。そして、創造性によって殺されたのだと文句を言う……。

この方法、うまくいくと思いますか？

まあ、いいものは何かしら作れるかもしれませんね。そのせいで死んでしまうまでは。

ほんとうに苦しみモードのままで創造活動を続けたいというなら、できないこともないでしょう（覚悟を決めたら、他人が「苦しみ」を取り除いてくれたりしないようくれぐれもご注意を！）。ただしこの方法、とくに生産性が高いとも、あなた自身やあなたの愛する人びとに安定した満足感や平和をもたらしてくれるとも思えません。苦悩に満ちた創造生活は恐ろしく魅惑的でしょうし、死後にはすばらしい伝記映画が制作されるかもしれませんが。長生きして充足感に満たされるよりも、短くも悲劇的でかっこいい人生を送りたいと思うなら、とことん好きなようにやればいいでしょう。

しかし私は、苦悩系芸術家の創造の女神《ミューズ》について、こんなイメージを抱いているのです。芸術家自身がかんしゃくを起こしている真っ最中のアトリエ。その片隅に静かに座って爪を磨くか何かしている彼女は、相手が落ち着きを取り戻して酔いを覚まし、作業に戻れるようになるまでただひたすら待っている……。

なんだかんだいって、手を動かして作業をしなければ始まりません。創作とは、そうあるべきではないでしょうか？

だとしたら、ほかにアプローチの仕方がありそうですよね？

ひとつ、提案があります。

インスピレーションに対するもうひとつのアプローチ

それは、**全力で、謙虚に、そして楽しみながら、インスピレーションと協力して仕事をすること**。

大昔、芸術家の『ラ・ボエーム』〔パリの下町に住む貧しい若者たちの物語。プッチーニによるオペラが有名〕化が一般的になるより前の時代、人びとはこんなふうに創造活動に取り組んでいたのではないでしょうか。

アイデアが降臨したら、大騒ぎしたり怖がったりせずに、丁重に、興味津々で受けとめる。最高にクリエイティブな人生を送るために、その邪魔をするものはすべて排除する。ちょっと考えてみればすぐにわかるはずです。あなたに害をなすものが、あなたの作品にとってプラスになるわけがないということが。感覚をより研ぎ澄ますためにアルコールをやめてみてもいいでしょう。あるいは、自作自演の破局劇で神経がズタズタ、創造活動どころではない、などという状況を作らないために、健全な人間関係を築いてみてはどうでしょう。そして作品ができたら、ときには思い切って自画自賛してみましょう（あるプロジェクトが不首尾に終わっても、挑戦する価値のある前向きな試みだったと自分を納得させるのです）。おおげさに吹聴したり、他人のせいにしたり、他人に恥をかかせたりしたくなっても、そこはぐっとこらえます。すべての人間に可能性はたっぷりと与えられていると肝に銘じながら、他人の創造的努力を応援しましょう。

あなたの価値は、成功や失敗ではなく、自分の生き方を貫いているかどうかで決まります。天から与えられた才能を摩耗させず、あなたのうちに潜む魔物と戦いましょう（効き目があるのは、セラピー、治療、祈り、謙虚な態度などです）。心の悪魔があなたの役に立ったためしはない。そのことに気づくだけでもだいぶ違います。

あなたはインスピレーションの奴隷でもなければ、主人でもありません。それよりもはるかにおもしろみのあるパートナーという立場で、インスピレーションと協力して、大きな魅力と価値のある何かを創り上げようとしているのです。**長生きしましょう。そして生ある限り、最高にすばらしいものを創り、最高にすばらしい活動を展開しましょう。**天職のおかげで食べていけるかもしれないし、いけないかもしれない。でも大事なのはそこではないと悟る日が、きっと来るはずです。

そして、人生の最後を迎えるとき。あなたはきっと、創造性に感謝することでしょう。すばらしく幸運で、刺激的で、情熱に満ちた人生をどうもありがとう、と。

育ってゆくアイデア

ここで、私に起こったマジックに話を戻しましょう。

フェリペがしてくれたアマゾン開発譚のおかげで、スケールの大きいアイデアが浮かびました。１９６０年代のブラジルを舞台に小説を書く、という構想です。より具体的に言えば、あの因果なジャングル横断道路建設計画に従事した人びとの労苦を描きだそうという試みです。

私自身、最高にスリリングなアイデアだと思いました。同時に、手ごわいだろうなとも感じました。ブラジルのアマゾンや１９６０年代の道路建設について何ひとつ知らない私にそんなものが書けるのだろうか、と。

しかし、すばらしいアイデアは往々にして、初めは手ごわく感じられるもの。とにかく私は仕事にとりかかることにしました。「アイデア」との契約をいよいよ実行し、「これからよろしく」と握手をした、と考えてください。私は「アイデア」に対して、共同作業が日の目を見るまで決して喧嘩はしないこと、決して見捨てないこと、そして持てる能力を最大限に発揮して協力することを約束しました。

そこで私がおもむろに始めたのが、プロジェクトや研究に真剣に取り組む前に人がよくやるあの作業。**「アイデア」のためのまっさらなスペースを用意すること**でした。

文字通り、そして比喩的な意味でも、机の上をきれいに片づけます。かならず毎朝、数時間をリサーチにあてます。夜は早く寝て、日の出とともに起床し、すぐに仕事にとりかかります。誘惑的なお楽しみもお付き合いも断って、仕事に専念する。ブラジルにかんする書籍を注文し、専門家に電話取材をし、ポルトガル語を勉強しはじめました。記録に適した情報カードを用意し、少しずつ知りはじめた世界についてさまざまに夢想します。そうこうするうちに、**アイデアは育ってゆき、物語の輪郭が姿を現してきました。**

小説の主人公も決まりました。名前はイヴリン。中年のアメリカ人女性です。設定は1960年代末期。政治においても文化においても大混乱が見られた時代です。とはいえ、イヴリンはミネソタ州中部で静かな暮らしを送っています。独身の彼女は、中西部の大手道路建設会社で25年間、有能な社長秘書として勤めてきました。そしてずっと、密かに、かなわないと知りつつ、妻子持ちのボスに恋心を抱いています。しかし、優しくて仕事熱心なボスにとって、イヴリンはよくできた秘書以上の存在ではありませんでした。

ボスには一人息子がいますが、彼は大変な野心家で、少々うさん臭いところのある人物です。ブラジルでの大規模な道路建設事業の話を聞きつけ、入札に参加するよう父をたきつけます。甘い言葉と恫喝を巧みに使いわけ、社長である父を説き伏せて、一家の全財産をなげうってこの事業に参入させるのです。

話がまとまるやいなや、息子は巨額の資金と野望とともにブラジルへ飛び立ちます。でも、現地に着いた彼が現金とともに消息を絶つまでにそれほど時間はかかりませんでした。息子を案じる父親は、行方不明の息子と現金を見つけ出すための代理人をアマゾンへ送りこむことを決意します。それが、彼が誰よりも頼りにしていたイヴリンでした。

忠実な部下として、また彼への愛のために、イヴリンはブラジルへと旅立ちます。そしてこのときを境に、イヴリンの平穏無事な日常は一転。彼女は無秩序と嘘と暴力の渦巻く世界へ身を投じるのです。

人間ドラマと神秘体験が繰り広げられる物語。同時に、この話はラブストーリーでもありました。

タイトルは『アマゾンのイヴリン』にしよう。

こんな本を書いてみたいという企画書を、付き合いのある出版社に提出しました。企画は歓迎され、版権を買ってもらうこともできました。「アイデア」をめぐる第2の契約を取り交わすとき。今回は、出版社との正式な契約です。公正人が作成した契約書に署名をし、納期その他について取り決めを行います。

さあ、これで、この仕事にすべてを注ぎ込む準備は万端です。心してとりかからねばなりません。

アイデア、放置される

しかし、人生というのは何が起こるかわからないもの。

契約成立の数カ月後、現実の世界で起こったドラマのせいで、フィクションのドラマの続きを書くことができなくなってしまいます。いつものようにアメリカまで会いに来てくれた恋人のフェリペが、国境警察官に拘束され、合衆国への入国を拒否されたのです。犯罪者でもないのに、国土安全保障省によって有無をいわさず拘置所に入れられ、そのあと国外退去を余儀なくされました。当局からは、二度とアメリカに入国できないとまで通告されたといいます。

ただし、私と結婚すれば話は別でした。それに私は、いつまで続くかわからないこの追放期間に大きな精神的ダメージを受けているであろう恋人のそばにいてあげたいと願っていました。しかしそのためには、ただちにいっさいを引き払い、国外にいる彼のもとへと飛ぶ必要がありました。

すぐに私は行動し、海外で彼とともに1年ほどを過ごしました。そのあいだに現実のドラマに向き合い、移民手続きをおこなったのです。

そのとき私が書こうとしていたのは、１９６０年代のブラジル・アマゾンを舞台にした、莫大なリサーチを必要とする壮大な小説。身辺がここまで騒然としているときに、執筆に理想的な環境を整えることなど不可能でした。そこで私は、生活がすべて元通りに落ち着いたらすぐに書きはじめるとヒロインのイヴリンに固く約束したうえで、しばらく待ってもらうことにしたのです。リサーチのメモ類は全部、ほかの家財道具とともにしまい込み、フェリペの待つ地球の反対側へ飛んで、事態の収拾に乗り出しました。

しかし、私は元来、つねに何かについて書いていないと頭がおかしくなりそうになる人間です。そこで、この体験、つまり実生活で起きていることを書きとめ、問題をすみずみまで検証することで真実を探りあてようとしました（ジョーン・ディディオン〔米国の作家・ジャーナリスト。１９３４年生まれ〕も言っています。「自分が何を考えているかなんて、書いてみないとわからないものだ」）。

この経験は最終的に体験記『Committed』〔未邦訳〕として出版され、実を結びます。『Committed』を書いたことを、私は悔やんではいません。それだけははっきりしています。結婚直前のひどく不安な気持ちを整理できたのは、なによりこの作品のおかげです。書いてよかったと思う気持ちは変わりません。しかし、執筆には集中的にかなりの時間を費やさなければならず、書きあがるまでに2年以上かかってしまいました。つまり、**2年以上ものあいだ、『アマゾンのイヴリン』にいっさい手をつけていなかったのです。**

アイデアを、あまりに長いあいだ放置してしまいました。

私は、『アマゾンのイヴリン』を一刻も早く書きはじめたくてたまりませんでした。フェリペと無事に結婚してアメリカに落ち着き、『Committed』を上梓するやいなや、保管庫から取材メモを取り出しました。新居の、新しい机に向かって座り、アマゾンのジャングルで展開する物語にあらためて着手しようとしました。

しかしその次の瞬間、耐えがたい事実に気づきます。

私の小説は、すでに死んでいたのです。

アイデアに去られたとき
どうするか

何が起こったのでしょうか。

誰かに取材メモを盗まれたのでも、重要なデータが消えたのでもありません。書こうとしていた小説の心臓の鼓動が止まっていたのです。生き生きとした創造活動にかならず宿っているあの活力が、消滅していたのです。まるで、アマゾンのジャングルに呑み込まれてしまったブルドーザーのように。2年前に書き溜めていた記録やプロットのメモは、たしかにまだそこにありました。でもそれらはただの抜け殻でしかなく、温かな、脈打つ体を永遠に失っていたのです。

私は、ひとたびプロジェクトを始めたら簡単には放り出したりしない人間です。数カ月間、「アイデア」を蘇生させようといろいろ手を尽くしました。しかし、それらはすべて無駄に終わりました。そこにはもはや何もないのです。まるで、脱皮したあとのヘビの抜け殻を棒でつついているようでした。つつけばつつくほど、抜け殻は粉々になっていくのです。

何が起きているのか、私にはわかっていました。なぜなら、それ以前にも同様の経験をしていたからです。

「アイデア」は、待つことに疲れて去っていったのです。そんな「アイデア」をどうして責められるでしょうか。契約違反を犯したのは私なのです。『アマゾンのイヴリン』の執筆に全力を注ぎ込むと約束していたのに、その約束を私は破ってしまいました。2年以上ものあいだ、この本のことは心をよぎりもしませんでした。

作者に忘れられたままの小説に、いつまでもずっと待ち続けてほしいだなんて虫のいい話です。もちろん、待っていてくれる場合もあるかもしれません。何年も、ことによっては何十年も、あなたが振り向くのを待っていてくれる、とても忍耐強いアイデアもいるでしょう。しかし、そうでないケースだってあります。アイデアの性格は十人十色です。仕事のパートナーがぐずぐずしているあいだ、2年間も箱の中でただじっと待っているだなんて、あなたにはできますか？　無理ですよね。

放置されたこの「アイデア」は、同じような目にあった自尊心を持つ生命体なら普通とるであろう行動をとりました。つまり、旅立ったのです。

当然の対応でしょう。

これは、創造的なインスピレーションとの契約上、避けては通れない事態だといえます。なぜなら、**予告なしにあなたのもとにやってきて、予告なしに去っていっても許されるのがインスピレーションだからです。**

私がもっと若かったら、『アマゾンのイヴリン』を失った驚きになすすべもなく、きっと茫然としてしまっていたことでしょう。しかし当時すでに、イマジネーションの充溢と枯渇を長年にわたって経験していた私は、悪あがきすることなく、「アイデア」を潔く手放すことができました。小説が書けなくなったと嘆き悲しんでもよかったのだろうけれど、そうはしませんでした。「アイデア」との契約条件を理解し、承諾していたからです。

こういう場合にとるべき最適の行動は、去るアイデアは追わず、来るアイデアをしっかり捕まえること。そのためには、速やかに気持ちを切り替えるしかありません。謙虚に、感謝の気持ちを忘れることなく。アイデアを逃したからといって落ち込んだり、自分を責めたり、天を恨んだりしない。これらはみな、役に立たないただの気の迷いです。

そして、なにより大切なのは、気の迷いをしりぞけること。悲しいなら悲しめばいい。でも手短に。去っていくアイデアには、胸を張って別れを告げ、仕事に戻りましょう。何でもいいから、すぐに次のプロジェクトに着手し、没頭しましょう。フル回転で働きましょう。

そして何よりも、受け入れ態勢を万全にしておいてください。あなたの両目はしっかりと開いていますか。何か聞き漏らしてはいませんか。好奇心に素直に従い、人びとを質問攻めにしましょう。鋭い嗅覚でネタを探しましょう。オープンマインドでいましょう。新しい素敵なアイデアがいつでもパートナーを探し求めている——そんな奇跡みたいな真実を忘れることなく、日々を過ごしましょう。あらゆる種類のアイデアが、つねに私たちめがけて飛んできては、通り過ぎていく。そうして、私たちに気づいてもらえるのを待っているのです。

「私はここにいる」。そう、アイデアに知らせてあげましょう。

そしてどうか、次にやってくるアイデアを取り逃さないようにしてください。

そして魔法は起こった

本来、アマゾンのジャングルをめぐるエピソードはここで終わるはずでした。

ところが、です。

この小説のアイデアが私のもとを去っていったころ、つまり2008年のこと、私にある友人ができました。名高い小説家、アン・パチェット〔1963年、カリフォルニア生まれの作家〕です。私たちはある日の午後、ニューヨークで開かれた図書館についてのパネル・ディスカッションで知り合いました。

そうです。図書館についての、パネル・ディスカッションです。

ほら、作家生活って、いつも華やかでしょう？

それはさておき、私はアンに会うなり、ひどく惹きつけられるのを感じました。作品のファンだったからというだけではなく、彼女自身のたたずまいが特別だったからです。

アンは自分自身を、とても小さく、ほとんど目に見えないくらい小さく見せる能力に、異常に長けていました。そうして、誰からも気づかれることなく自分の周りの世界をよくよく観察し、こっそりとそれを文章にするのです。まるで、自分の並外れた能力を隠すために超能力を使っているかのように。

だから最初、この女性があのアン・パチェットだとすぐにわからなかったのも、驚くにはあたらないでしょう。あまりに控えめで小柄で若く見えたから、誰かのアシスタントだろうとさえ思ったくらいです。それどころか、誰かのアシスタントのそのまたアシスタントでも通用しそうでした。そして、ようやく彼女が誰なのか気がついた私は、心のなかで叫びました。信じられない、いい、い、い！　こんなにおとなしい、い人だなんて！

でも、私はそのとき、すっかりだまされていたのです。

その1時間後、パチェット女史は演台に立ちます。彼女のスピーチは、私がそれまで聞いたことがないほど力強く、輝かしいものでした。聴衆も私も、心を強く揺さぶられました。そしてこのとき初めて、アンが実際にはかなり背が高い人物であることに気づいたのです。しかも、たくましさと華やかさ、情熱と才気をも兼ね備えています。まるで、透明人間のマントを脱ぎ捨て、究極の女神が眼前にあらわれ出たかのようでした。

私はその場にくぎ付けになってしまいました。なにせ、ひとりの人間がこうも鮮やかに、一瞬にして変身するところを見せられたのは初めてのことだったのだから。遠慮というものを知らない私は、イベントが終わるのを待ってアンのもとへと走り寄り、その腕をつかみました。この驚くべき生き物が、ふたたび無色透明に戻ってしまう前に捕まえておかなければ、と必死だったのです。

「アン、今お会いしたばかりだということはよくわかっています。でも、言わせてください。あなたはすばらしい。大好きです！」

もちろん、アン・パチェットは慎みというものを知る女性です。私をやや疑わしそうに見返したのも無理はありません。彼女は、私という人間について何か推し量ろうとしている様子でした。つかの間、私は身の置きどころがなくなってしまいました。

しかし、次の瞬間にアンがとった行動は素敵としか言いようがありません。彼女は私の顔を両手で挟み込み、キスしてくれたのです！　そしてこう言いました。「私もあなたが大好きよ、リズ・ギルバート」。

このとき、私たちのあいだに友情が芽生えたのでした。

とはいっても、普通の友人関係とは少し違っています。住んでいる地域が離れているので（私はニュージャージー州、アンはテネシー州在住）、週に1回ランチをともにするなんて無理です。ふたりとも電話での長話には興味なし。ソーシャル・メディアで親交を深める気もありません。そのかわり、お互いをよく知るための手段としてわれわれが選んだのが、今ではほとんどすたれてしまった「手紙」でした。

アンと私は月に一度、長く、心を込めた手紙を書くようになりました。そしてそれは今でも続いています。本物の便せんと封筒と切手を使った、正真正銘の文通です。誰かと親交を深める手段としてはいささか時代遅れだけれど、旧式な人間である私たちにはじゅうぶん。結婚生活について、家族について、友情について、悩みごとについて書き綴ったのはもちろんですが、手紙の内容のほとんどは執筆にかんするものでした。

そして、あの出来事が起きます。それは、この手紙のやり取りがきっかけでした。

２００８年の秋、最近また次の小説の執筆にとりかかっている、とアンが何気ない調子で手紙に書いてきました。そして内容は、アマゾンのジャングルにかんするものであると。

これを読んで私がぎょっとしたのは言うまでもありません。

私はすぐさま返事を書きました。「あなたの小説は、具体的にはどんな話？　私もいっときアマゾンのジャングルを舞台にした小説に取り組んでいたけれど、しばらく放置していたら（当時の諸事情についてはアンもわかっていたと思う）、インスピレーションがどこかに行ってしまったの」。

次にアンから受け取った手紙にはこうありました。「ジャングル小説の内容は、まだ詳しく話せる段階ではないの。時期尚早といったところ。ストーリーがだんだん形になってきているところだけれど、進展があり次第お知らせしますね」。

アンと再会したのは翌年の2月。直接会うのは2度目のこと。私たちはふたりとも、オレゴン州ポートランドで開催されたイベントに招かれていました。出演当日の朝、ホテルのカフェで一緒に朝食をとったとき、アンは次の本の執筆にどっぷりつかっているところだと語ってくれました。もうすでに100ページ以上は書いたといいます。

私は彼女に言いました。

「そのアマゾンの小説の話、今日こそ聞かせて。これ以上待てないわ」

「あなたから始めて。あなたの本が先なんだから。消えてしまった、あなたのアマゾン小説って、いったいどんな内容だったの？」

そこで私は、日の目を見なかったわが作品の内容をできるだけ手短に説明しました。「主人公は、既婚の上司に長年密かに片思いしている、ミネソタの独身中年女性。上司がアマゾンのジャングルにおける無謀な事業計画にかかわるのだけれど、莫大なお金と人ひとりが現地で行方不明になるの。主人公は問題を解決すべくアマゾンへと派遣され、彼女の穏やかな日常は一転、混乱のさなかに放り込まれる。そんな筋書き。ラブストーリーでもあるのよ」。

テーブルの反対側で、アンはしばらく私をじっと見つめていました。

先を続ける前に、ひとつ断っておきます。アン・パチェットは、私とはまったく違う、本物のレディーです。卑俗な振る舞いや下品な言動からはほど遠い、美しく洗練されたマナーの持ち主。だから、やっと口を開いた彼女が使った言葉に、私は耳を疑いました。

「いやだそれ、マジで言ってるの？」

「どうして？　じゃあ、あなたの小説はどんな話？」

私がそう聞くと、アンはこう言いました。

「主人公は、既婚の上司に長年密かに片思いしている、ミネソタの独身女性。上司がアマゾンのジャングルにおける無謀な事業計画にかかわるのだけれど、莫大なお金と人ひとりが現地で行方不明になる。主人公は問題を解決すべくアマゾンへと派遣され、彼女の穏やかな日常は一転、混乱のさなかに放り込まれるの。これはラブストーリーでもあるわ」

いったい何が起きたのか？

言っておくと、このストーリーは決して類型的なものではありません。北欧ミステリーや吸血鬼ロマンス小説など、典型的な筋書きを売りにしたジャンルの小説だったらまだわかります。しかし、私たちの小説の内容は細部にわたって具体的です。書店に行って店員に、「既婚の上司に片思いしているミネソタの中年独身女性の、行方不明の人間の捜索と瀕死のプロジェクト救済を目指すアマゾン派遣」というジャンルのコーナーはどこですか、と聞く人はまずいないでしょう。

つまり、よくあるプロットではないのです！

たしかに、よくよくつきあわせてみると細かな違いはありました。私の小説の舞台は1960年代でしたが、アンの小説が展開するのは現代。私の小説は道路建設業界、アンの小説は製薬業界。でも、ほかの点ではこの2作はまるっきり同じでした。

ご想像の通り、この件が発覚後、アンと私が落ち着きを取り戻すまでにはしばらく時間がかかりました。そして私たちは、妊娠した女の人が受胎した日を知ろうとするのと同じように、私のアイデアが消えた日と、アンにアイデアが浮かんだ日を、指折り数えてさかのぼってみたのです。

その結果、このふたつがほぼ同時期に起きていたことがわかりました。

アイデアは、私たちが出会ったその日に、正式に私からアンへと乗り移った。

乗り移ったのは、あのキスのときだった。

——これが、私たちの結論です。

そうです。**あれこそが、ほかならぬビッグ・マジックだったのです。**

アイデアは生きている

ビッグ・マジックの出現に興奮する前に、ちょっと立ち止まって、私がそのときもしネガティブな反応をしてしまったとしたら、それにはどんな反応があり得たかについて考えてみます。幸い、そんなことをして人生を台無しにする気はなかったのだけれど。

最低で最悪の破滅的な反応は、アン・パチェットが私のアイデアを盗んだと決めつけることでしょう。もちろんそれは事実無根です。アンは私のアイデアについて何ひとつ聞いてはいなかったのだし、そもそも彼女ほど清廉潔白な人間には会ったことがないくらいなのだから。しかし、他人の行為を悪意を持って解釈する人間というのは、いつどこにでもいるものです。

たとえば、盗まれてもいないものを盗まれたと思い込む。お粗末な正義感を持つ。足りていないことに注目する癖があり、世界は欠乏に支配されていて、全員にゆきわたるものなど何もないと考えている。こういうメンタリティを持つ人間はいつでも「誰かに横取りされた」と決めつけます。もしあのとき私がこんな態度をとっていたら、大切な新しい友人との関係はそこで終わっていたでしょう。そして、いつまでもアンを恨んで、ねたんで、非難していたかもしれません。

自分に怒りの矛先を向けるケースもあります。わが身に非難を浴びせるのです。「ほらね、リズ。自分が負け組だっていうことがこれでよくわかったでしょ。何ひとつ成し遂げられないんだもの！　この小説を自分のものにしそこねたのも、無能で怠け者でバカで、いつも目のつけどころが悪いからよ。いつまで経ってもぱっとしないのはそのせいなのよ」。

さらに、憎悪の矛先を運命に向けていたかもしれません。「この出来事は、神様が私よりもアン・パチェットのほうを愛している証拠。アンは神に選ばれた小説家で、私はただのまがい物——落ち込んだときに、うっすらそう感じてはいたけれど、ほんとうにその通りだった。運命にあざ笑われているのが私で、身に余る幸福を享受しているのがアン。運命の女神は私のことなんてどうでもよくて、アンをひいきにしている。呪われたこの人生には、不公平と悲劇しか訪れないんだ」。

しかし、そのときの私は、これらのばかげた考えを持つには至りませんでした。

むしろ、これらとは逆に、今回の事件は私に起こった小さいけれどすばらしい奇跡なのだと解釈したのです。この不思議なエピソードの渦中で、自分が何らかの役割を果たせたらしいことに感謝と驚きの念を持つことができれば、それでいい。魔法の業《わざ》をここまで身近に体験できたのだから、つまらない真似をしてこの驚きに満ちた経験を無駄にしてはいけない。

私の奇妙極まる信念は、じつは真理だったんだ。この事件はそれを証明してくれる、稀有で輝ける証拠に違いない。そう、解釈しました。

アイデアは生きていて、協力者として最適な人間を探し求めている。意志を持ち、人の魂から魂へと移動し、もっともすばやく効率的に自分を地面に降り立たせてくれるルートを絶えず見つけようとしている（雷と避雷針の関係と同じように）。

さらに言えば私は、アイデアはユーモアまで備えているんじゃないかとさえ思うようになりました。なにしろ、アンと私のあいだに起こった事件はびっくりするようなものだったけれど、それと同時に、不思議でチャーミングなおかしみをたたえていたのだから。

アイデアは誰のものか

インスピレーションはいつでもベストを尽くして、あなたと一緒に働いてくれます。しかし、あなたの側に受け入れる準備が整っていなかったり、あるいは機が熟していなかったりすれば、インスピレーションは去ってゆき、あらたなパートナーを探しに行くことでしょう。

これはよくある現象なのです。

朝、新聞を開いて書評欄を見ると、あなたが書こうとしていた本を誰かほかの人がすでに書いてしまっていたことを知る。演出しようとしていた劇。録音しようとしていた音楽。制作しようとしていた映画。立ち上げようとしていた事業。開こうとしていたレストラン。申請しようとしていた特許。数年前、インスピレーションの閃きを感じたあなたはそれらのプランを立ててみたけれど、時間がなかったためにしっかりと掘り下げて完成させることができなかったのです。

そう言われるとムッとするかもしれません。けれど、それはお門違いというもの。だって、実行に移さなかったのはあなた自身なのだから！　準備万端で、反応もすばやく、心を開いて相手を受け入れる、という状態だったら、アイデアだってあなたのなかに根を張って実を結んだことでしょう。でもそうではなかったから、**アイデアはあらたなパートナーを探しに出て、あなたではない誰かとともに目的を達成したのです。**

私は、『食べて、祈って、恋をして』を出してからの数年間というもの、いったい何人の人たちに、「あれは自分の本だった」と責められたことか（文字通り、数えきれないほどです）。「あの本は私が書く予定だったのに」。ヒューストンで、トロントで、ダブリンで、メルボルンで。サイン会にやって来ては私を睨みつけ、怖い声でこう言う人がいるのです。「いつか絶対に書こうと思っていた本なんです。あなたが書いたのは、この私の人生の話です」。

そんな言葉を投げつけられて、何と答えればいいのでしょう？　他人の人生について、私が何を知っているというのか。私にしてみれば、まだ誰も手をつけていないアイデアがそこにあったから使ったというだけなのに。

『食べて、祈って、恋をして』では、たしかに運も味方してくれたけれど、物狂おしいまでに執筆に熱中していたことも事実です。そのときの私は、ダルヴィーシュ〔イスラム神秘主義の修道僧。旋回舞踊で有名〕のようにアイデアの周りをひたすら回り続けていたようなものです。ひとたびアイデアを感知すると、本の完成を見るまでそこから一瞬たりとも目を離しませんでした。

つまり、私はこのアイデアをものにしたのです。

一方で、私は長年、かなりの数のアイデアを仕留め損なってもいます。というより、失われたアイデアはみな、自分のものだと私が勝手に誤解しただけなのかもしれません。喉から手が出るほど書きたいと思っていた本なのに、ほかの誰かが出版してしまった。私がやっていたかもしれないプロジェクトなのに、ほかの誰かが実行に移してしまった……。

たとえば、２００６年、ニュージャージー州ニューアーク市が舞台の壮大なノンフィクションを書くというアイデアをしばらく温めていたことがあります。タイトルも『ブリック・シティ』と決めていました。コンセプトは、ニューアーク市長に就任したばかりのカリスマ的人物、コリー・ブッカーに密着取材し、魅力的だが問題も多いこの町の改革に取り組む姿を描くというもの。なかなか素敵なアイデアでしたが、ご縁がなかったようです（じつをいうと、骨の折れる仕事になりそうだったせいもあります。当時ほかの本を書く計画があったことも手伝って、機は熟しませんでした）。

そして時は2009年、ケーブル局のサンダンス・チャンネルが制作・放映したのは、ニュージャージー州ニューアーク市の困難な歴史と問題解決に挑むコリー・ブッカーについての壮大なドキュメンタリーでした。タイトルも『ブリック・シティ』。番組について聞かされたときの私のリアクションは、心からの安堵でした。「よかった！ ニューアークのことはもう書かなくてすむ！ ありがたいことにほかの人がやってくれた！」。

まだあります。1996年、オジー・オズボーン〔イングランド出身のシンガーソングライター。1948年生まれ〕と親しくしていて、愉快で、豪快で、おかしなくらい愛情に満ちた人たちはいないそう。「オズボーン一家の本を書くべきですよ！ 一緒に過ごして、家族がどんなやり取りをしているか観察したらどうでしょう。具体的に何をすべきかはよくわからないけれど、絶対誰かがオズボーン一家をテーマにしたプロジェクトを立ち上げるべきです。信じられないくらいおもしろい人たちなんですから」。

この話に私はとても興味を引かれました。しかし、このときもプロジェクトを実現したのは私ではありませんでした。ほかの人たちがオズボーン一家を取り上げた作品を制作し、それは大変な話題をさらいました。

私が実現できなかった数多くのアイデアのなかには、誰かほかの人によって完成された作品も多くあります。誰かが聞かせてくれた話について、なぜかとてもよく知っていた、という体験もあります。それは、いっとき興味を持っていたトピックであったり、私自身の人生におけるひとコマだったり、想像の産物であったり、いろいろです。アイデアがほかの作者のもとに渡ってしまって、心穏やかではいられなくなるときもあります。つらいときもあります。他人が私のかわりに成功と勝利を謳歌している姿を、指をくわえて見ていなければならないときもあります。

でも、**こういうときこそ、チャンスです。**

ただし、このチャンス、精巧に仕組まれたミステリーでもあります。

さまざまな場所で起こる多重発見

よくよく考えてみると、アン・パチェットと私のあいだでインスピレーションが乗り移ったあの出来事は、科学分野でいう「多重発見」の文芸バージョンだったのかもしれません。

多重発見とは、まったく別の場所に住む複数の科学者が同時期に同じアイデアを思いつく現象です。微分積分学（17世紀のライプニッツとニュートン）、酸素（18世紀のシェーレ、プリーストリー、ラヴォアジェ）、ブラックホール（20世紀初頭のチャンドラセカール、オッペンハイマー、ツビッキーら）、メビウスの帯（19世紀のメビウスとリスティング）、成層圏の存在（19世紀末のティスラン・ド・ボールとアスマン）、進化論（19世紀のダーウィンとウォレス）など、科学分野における多重発見は枚挙にいとまがありません。

多重発見が起こる原因を論理的に説明することはできません。互いの研究について何ひとつ知らないふたりの科学者が、いったいなぜ同じときに同じ結論を導き出せるのでしょうか？

しかし、これは想像以上に頻繁に起きているようなのです。19世紀のハンガリー人数学者、ボーヤイ・ヤーノシュ（1802−1860）が非ユークリッド幾何学を発見したとき、彼の父親は、他人が同じことを思いつく前に一刻も早く発表してしまえ、と息子を急かしたそうです。「ものごとの機が熟すと、それは春先のスミレのように、さまざまな場所で咲きはじめるものだからね」。

多重発見は科学の領域以外でも発生します。たとえばビジネスの世界。大型の新しいアイデアは「目につくように」空気中を漂っているものだ、というのが業界の共通認識です。最初にアイデアを捕まえた個人や企業が、競合においても優位に立ちます。ときにはみんなが同時にアイデアを捕まえるものだから、一番乗りを果たそうとする人たちのあいだで狂騒が繰り広げられます（1990年代におけるパーソナル・コンピューターの急成長を思い出してください）。

恋愛関係においてさえ、多重発見は起こります。何年ものあいだ全然モテなかったのに、あるとき突然ふたりの人間に同時に口説かれた、なんてことはないでしょうか？　これだって、もちろん多重発見の一種です。

私にとって多重発見とは、インスピレーションが念のために二股をかけている状態です。ふたつのチャネルに同時に接続しておくためにキーをいじっている。インスピレーションがそうしたいのだから、させておくしかありません。やりたい放題のインスピレーションは、私たちに対して絶対に言いわけをしません（私個人としては、インスピレーションが私たちに語りかけてくれるだけでありがたいと思っています。この上さらに弁解を求めるなんて、多くを望みすぎです）。

結局、すべては春になっていっせいに咲きはじめるスミレなのです。

こうした奇妙な現象が不合理で予測不可能だからといって、苛立ってはいけません。創造的生活につきものの、常識破りの奇妙な契約なのだと思って受け入れてください。すべて、盗作や所有権争い、悲嘆やトラブルなどとは無縁です。インスピレーションには出どころなどありません。競争も、意地も、制約もありません。アイデアはただ、ひたむきなだけです。自分と同じくらいひたむきな協力者を見つけるまで、決して探索をやめません（場合によっては、協力者は複数であることもあります）。

このひたむきさが、創作という仕事には必要不可欠なのです。

精一杯心を開き、信じ、まじめに働きましょう。

心を込めて仕事をしましょう。来る日も来る日も、とにかく仕事し続ければ、ある朝突然運が向いて、花が開くかもしれない。私がそう約束します。

アイデアのしっぽをつかんだ詩人

アイデアが人間の意識を気ままに出入りするというこの現象を、この上なく的確に説明してくれた人がいます。それは、アメリカの偉大な詩人、ルース・ストーン〔1915－2011〕です。

私が会ったとき、ストーンは90歳になろうとしていました。その彼女が奇想天外な創作プロセスについて私に語ってくれたのですが、それはとても楽しいひとときでした。

ヴァージニア州の農家に育った子ども時代、畑で農作業を手伝っていたルースには、ときどき詩が自分のほうにやってくる音が聞こえたそうです。詩は、全速力で走る馬のように、田園地帯を一目散に彼女めがけて突進してきます。ルースには、そのたびに何をすればよいか、ちゃんとわかっていました。詩に追い抜かれないよう、母屋に向かって「死に物狂いで走るの」。手遅れになる前に、紙とペンを手にとって詩を捕獲するのです。詩がルースに追いつき追い抜こうとするその瞬間、詩を捕らえ、紙の上にあふれ出るままに言葉を書き留めます。

しかし、出遅れてしまって紙とペンに手が届かないときもありました。そんなとき、詩が体を通り抜けて反対側から出ていくのを感じたといいます。詩は、一瞬だけ体のなかにいてルースの反応を待つけれど、ぐずぐずしていると去っていってしまう。ふたたび猛スピードで地面を駆け去り、彼女いわく、「ほかの詩人を探しに行ってしまった」。

それでもたまに、ぎりぎりのところで詩を捕まえることもあったそうです。そして、ここからが驚きです。ルースはこれを、かろうじて「しっぽをつかんだ」と表現します。虎のしっぽをつかむみたいに、片手で詩を、まるで形あるもののようにぐいと引き戻しながら、もう片方の手で内容を書き留めるのです。こうして紙に書き留められたのは、最後の言葉から始まっている、前後が逆の詩でした。しかも、逆さになっていてもミスはなく、完璧な形をしていたといいます。

これが、ビッグ・マジックなのです。奇怪だし、時代がかっているし、まるで妖術のよう。

でも、私はその存在を信じているのです。

インスピレーションを授けてくれるもの

私がビッグ・マジックの存在を信じる理由。それは、人生において、神秘や啓示にふっと触れる瞬間が誰にでもあると思うから。ルース・ストーンのように、生まれながらにして神とのチャネルを持ち、邪魔も疑念もなく、来る日も来る日も完全な創作物が体のうちからあふれだしてくる、などという人はそうはいないでしょう。

しかし、そのインスピレーションの源泉は、思っているよりも手の届きやすいところにあるかもしれないのです。

ここで、いっさい包み隠さずに言いましょう。**私自身の創作活動は、奇怪で、時代がかった、妖術めいたビッグ・マジックとはほど遠いものです。**執筆生活はひたすら地味で、規則正しい労働以外の何ものでもありません。机に向かって、畑を耕すようにコツコツと働いてはじめて作品が生まれます。妖精が魔法の粉を振りかけて作品を仕上げてくれる、なんていうおとぎ話のような展開からはほど遠いのです。

ところがときどき、この妖精の粉が私にもふりかかってくれることがあります。書いている真っ最中に、突然、大きな空港のターミナルによくある動く歩道の上を歩いているかのような感覚を味わうのです。ゲートまではまだ長い道のりで、重たい荷物を引きずっているはずなのに、どこからともなくやってくる力が私を優しく押して、前進させてくれているのがわかります。私を目的地まで運んでいってくれる、力強く、懐の深い何か。はっきりしているのは、それが私ではないということです。

あなたにも身に覚えがあるかもしれません。すばらしいものを作ったり、すばらしい仕事をしたりしたあとに振り返ってみて、「あの力、いったいどこから生まれたんだろう」としか言いようがないときが。

二度と再現できないし、何が起きたか説明もできません。ただ、何かに導かれていたような感覚だけが残ります。

私自身にはめったに起こらないけれど、妖精の粉が降ってくるときのあの感動は、この上ないものです。恋に落ちるとき以外に、あの高揚感ほど完璧な幸福が人生においてほかにあるでしょうか。

古代ギリシャには、人間にとっての最高レベルの幸福感をあらわす「エウダイモニア」という言葉がありました。直訳するなら「神霊的存在の加護を受けている状態」でしょうか。創造神としての守護霊があらわれて、あなたを守り導いてくれる、というものです。神秘体験なんて眉唾物だと思っている近ごろの人たちに対しては、たんに「フロー」(完全に没頭した状態)だとか「ゾーン」(完璧な集中力を発揮している状態)などという心理用語で説明すればよいのかもしれません。

ギリシャ人やローマ人は創造の神の存在を信じていました。あなたの家に住みついて、ときどき仕事を手伝ってくれる妖精みたいなものでしょう。ローマ人はこの頼りになる妖精の一種をとくに、「インスピレーションを授けてくれる守護神」である「ゲニウス」〔「天才」を意味する、英語のgeniusやフランス語のgénieの語源となった言葉で、天賦の才を授けてくれると考えられていた〕と呼んでいました。つまり、**古代ローマでは、非常に才能豊かな人はその人自身がゲニウスなのではなく、ゲニウスがとりついていると信じられていた**のです。

「本人自身がゲニウス」と「ゲニウスがとりついている人」というふたつの言い方の違いは微妙なものではありますが、重要な意味を持っています。心理学的概念としても的を射ているといえるでしょう。外在する「ゲニウス」による仕業、という考え方を採用すれば、アーティストの自我がむき出しにならずにすむし、作品の出来についての称賛や批判を丸ごとひとりで引き受ける重荷から解放されるからです。

つまり、作品が成功した場合は外在する「ゲニウス」の協力に感謝しなければならず、自己陶酔に陥らずにすみます。そして失敗した場合でも、全面的に作者のせいになることはありません。「私ばかり責めたって仕方ありませんよ。ゲニウスがあらわれなかっただけなんですから！」と言っておけばいいのです。

どちらにしても、むき出しで傷つきやすい人間の自我は守られます。

褒め殺されて天狗になり、堕落することもありません。失敗を恥じるあまり、自暴自棄になることもないのです。

「絶頂期は二度と訪れない」という誤った考え

ところが、あるときから「ゲニウスにとりつかれた人たち」ではなく「ゲニウスである人たち」と呼ばれはじめます。そしてそのときから、社会におけるアーティストの不遇が始まったのではないでしょうか。

これは、より合理的な、人間本位のものの見方が優勢になってきたルネサンス期のことです。神々とその神秘的な業《わざ》が顧みられなくなり、芸術作品についての評価がアーティストその人に直接与えられるようになったのです。私たち人間の脆い心は、良くも悪くもインスピレーションが起こす気まぐれのとばっちりを受けることになってしまいました。

この過程で、芸術作品や芸術家たちは本来の立場に不相応なほど崇めたてまつられるようになりました。「ゲニウスである」と認定され、ときにはそれに準じた褒賞や身分を得るようになっていた芸術家たちは、聖職者と同じくらいの高い社会階級に属しているとみなされたのです。おそらく、ちょっとした神々の仲間くらいには思われていたことでしょう。しかしいくら天才でも、しょせんは普通の人間。**才能ゆえの重責と奇禍にさいなまれ、アーティストが挫折し、狂気に陥り、ずたずたになるという状況は、まさにこのとき始まったのです。**

「ゲニウス」のレッテルをはられたアーティストは、気楽に構えて好きなものを作る力を失ってしまうようです。たとえば、ハーパー・リー（アメリカの作家。1926-2016）。空前の成功を収めた小説『アラバマ物語』のあとで、筆を折っています。1962年のインタビューで、次作を書く気にはならないのかと聞かれた彼女はこう答えました。「怖いんです。ひとたび頂点に上りつめたら、あとは転落していくだけですから」。

自らの境遇について、リーは言葉を濁したままでした。それゆえ、この大ベストセラー作家がその後1冊の本も書かずに長い余生を終えた理由は、いまも謎に包まれたままです。しかし私が思うに、リーは自分自身の評判にがんじがらめになっていたのではないでしょうか。人気作家への期待は大きく、それに応えなければという責任も重く、恐れをなした彼女は芸術性を発揮できなくなってしまった……いえ、「恐れ」よりもタチの悪い、「自分自身のライバル視」につぶされたのかもしれません（そもそもハーパー・リーは何を「恐れて」いたのでしょう？　自分には自分を追い越せない、という思い込みでしょうか）。

頂点を極めたらあとは落ちていくしかない、というリーの言葉に異論はありません。奇跡は一生に一度だけ起こり、ふたたび頂点に到達する日はもう来ないのだとしたら、創造活動は無意味ではないか。そういう発想ですよね?

同じような苦しい状況を、私自身も経験しています。一度だけ、著書が3年以上にわたってベストセラーにランク付けされ、「頂点を極め」たことがあります。このころ、いったい何人に「これを超える本をどうやって書くつもりですか?」と聞かれたことか。すばらしい幸運に恵まれたというのに、まるでそれが恩恵ではなく呪縛であるかのように思われたのです。絶頂期は二度と訪れないという考えに私がおびえているのではないかと、人びとは憶測したのです。

しかし、こういう思考回路が前提としているのは、ものごとには「頂点」があり、頂点を極めてそれを維持することだけが創造活動のモチベーションであるという考え。インスピレーションによる神秘的な業《わざ》を、人間と同じレベルまで引きずり下ろし、成功と失敗、勝利と敗北、比較と競争、商売と評判、売り上げ部数と影響力、といった俗界のケチなスケールで解釈しているのです。同業者はおろか、過去の自分との競争にまで勝たねばならないという意識。何よりも恐ろしいのは、勝てなければ創造的活動を続ける意味がない、という見解です。

待ってください。これと天職には何の関係もありませんよね? 何かに夢中になってそれを追い求める気持ちは? 人間とマジックを操る存在との不思議な交わりは? 信念は? **忘れていないでしょうか。ただひたすらものを創り上げていくときの穏やかな誇**

らしさ、そして心を開き見返りを期待せずに創造物をあらゆる人びとと共有する歓びを。

ハーパー・リーがずっと書き続けてくれていたら、と残念に思わずにはいられません。『アラバマ物語』とピュリッツァー賞受賞という偉業のあとで、たてつづけに5冊くらい大衆的な本を乱発していたってよかったのです。ロマンス小説、警察小説、子ども向けの本、料理本、あるいは三文アクション小説など、何でもありです。ふざけているように聞こえるでしょうけれど、私は本気です。たとえ彼女にとって本意ではなかったとしても、もしランダムなジャンルの本をいろいろ書いていたら何が起きていたか、想像してみてください。少なくとも、世間は彼女があのハーパー・リーだなんて、たちどころに忘れてしまったでしょう。そして彼女自身でさえも、自分があのハーパー・リーだったというこだわりを捨てて、アーティストとして心を解放できたかもしれないのです。

幸い、何十年も沈黙を守ったリーについて、近年また少し明らかになってきたことがあります。彼女の初期の草稿が発見されたのです。これは『アラバマ物語』より前に書かれた小説でした（言いかえれば、世界中から注目され次回作を期待されるような作家になる前に書かれた本）。でも私は、生きている限り本を書いて発表するよう、誰かがリーを励ましてあげていればよかったのにと思います。そうすれば、全世界が恩恵を受けることができたに違いありません。またリー自身も、筆を折らず、自分のために作品を書く喜びや満足感を得ていたことでしょう。なぜなら**創造とは、最終的にはファンだけではなく、作**

者自身が受ける恵みであるからです。

ラルフ・エリソン〔全米図書賞受賞作『見えない人間』の作者。１９１４－１９９４〕に対しても、筆のおもむくままに書き散らかして発表してしまえばいいんだよ、と誰かがアドバイスしてあげていたなら、と悔やまれます。Ｆ・スコット・フィッツジェラルドも同じです。有名無名の多くの作者たちが、世間の評判や自身の思い込みによる重圧に押しつぶされ、消えていったのです。もったいない。いい加減な内容でもいいから、とにかくたくさん書いて世に出せばいい。評価なんていっさい気にするな。そう、誰かが言ってあげればよかったのに。

こんな提案は、言葉にするだけでも不謹慎でしょうか？

そんなことはないはず。

創造性とはたしかに神秘的なものですが、わかりやすく解説したっていい。見栄や極度の恐れ、自尊心からアーティストを解放してあげられるなら、なおさらのことです。

創造する手を休めてはならない

天から創造的インスピレーションが降りてくるときには、心が躍ります。でも、この「エウダイモニア」について、ひとつかならず理解しておかなければならないことがあります。

それは、「エウダイモニア」がいつでもあなたのそばに控えてくれている、なんて期待してはならないということです。

気ままにやって来ては去っていくので、そのままにさせておくしかありません。

私にはそれがよくわかります。というのも、私の「ゲニウス」は、どこから来るときでも、毎回ランダムなタイミングであらわれるからです。やる気があるのかないのか、人間の働く時間には怠けているし、私の都合に合わせてスケジュールを調整する気なんてなし。別の人と掛け持ちしているんじゃないか、いや、フリーのクリエイターのようにたくさんの仕事を同時に請け負っているのかもしれない、と勘繰りたくもなります。創作欲を刺激してくれるマジックはないかと暗中模索してみても、はかばかしい感触が得られないことなんてしょっちゅうです。

と思っていたら突然、インスピレーションがビュンという音とともにあらわれます。

そして次の瞬間、またビュンと去っていってしまいます。

あるとき、通勤中の電車で居眠りをしていたときに、完璧に仕上がっている短編小説の夢を見ました。目覚めたとたんに私はペンをつかみ、インスピレーションが炸裂するのに任せてその話を書きとめました。これが、私に起きた「ルース・ストーン体験」です。私のなかのどこかのチャネルが大きく開き、何もしなくても言葉が次から次へとあふれるように出てきたのを思い出します。

　書き終えてみると、ほとんど一語も書き直す必要がありませんでした。そのまま上梓できるほど完成されていたのです。ただ、完成度は高くても、変な感じがしました。というのもそれは、いつもなら思いつきもしない題材だったからです。のちに、その話だけが短編集のなかで毛色を異にすると何人もの評者が指摘しました（ある批評家は、さらに突っ込んで「マジック・リアリズムのヤンキー版」とまで）。魔法にかけられた状態で書いた魔法の物語だったからでしょうか、事情を知らない人たちまで妖精の粉の存在に気づいたかのようでした。

　このようにして作品を書いたのは後にも先にも、このとき限りです。そしてこの短編は、私のなかに眠っていた、もっとも美しい形をした宝石だと今でも思っています。

　あの体験は、まぎれもなくビッグ・マジックでした。

　あれから22年経ちますが、いまだにビッグ・マジックには再会していません（その間、たくさんの電車で、たくさん居眠りをしてきたというのに！）。すばらしい創造的インスピレーションを得ることはあっても、あのときの強烈な出会いを超える、純度の高い心躍る体験はついぞありませんでした。

　ビッグ・マジックはやって来て、去っていったのです。

つまり、こういうことです——あの純粋で熱気あふれる創造的インスピレーションがまた来てくれないかと、ただ待っているだけなら、いつまで経っても何も書けない。だから私は、「ゲニウス」が来なくても執筆を続けるだけ。それどころか、今ならわかるのですが、**「ゲニウス」のほうこそ私のことを待っている**のです。私が、心から真剣に取り組んでいるかどうかを見きわめようとしているのです。

「ゲニウス」が部屋の片隅に座って、来る日も来る日も、何週間も何カ月も、仕事机に向かう私を観察しているのを感じます。エリザベス・ギルバートは本気を出しているか？全身全霊でこの創造的な試みに向き合っているか？そして、私が無為に時を過ごしているのではないと判断すると、助っ人としてあらわれます。プロジェクトが始まってから2年経ったころにようやく手助けしてもらえるときもあれば、登場時間わずか10分なんていうときも。

「ゲニウス」の手助けによって、動く歩道に乗って前進しているような、つまり言葉が動く歩道に乗って運ばれていくような感覚を得たとき、私は喜んでそれに乗ります。こんなときは何かにとりつかれたような精神状態になって、場所や時間や自己の観念さえ失ってしまうものです。そして、この神秘の力に感謝をしながらひたすら書きます。神秘が去っていくときには、追いかけはせず、またの来訪を楽しみにしながら、そのままひとりでせっせと書き続けます。

「ゲニウス」の手伝いがあるなしにかかわらず、仕事の手は休めない。これは、創造的な人生をフルに楽しむための必須条件です。コツコツと書き続け、そのプロセスを味わうこと。天の恩寵によって書けるときもそうでないときもあります。でも、創造的な仕事をしているおかげで、ときにはインスピレーションの恵みを体験できる。そのことにただ、感謝するばかりです。

地道に働きましょう。飽きることなく試みましょう。ときには神秘的な力との交わりを享受できるでしょう。そこに天の力が寄与していようがいまいが、創造活動はすばらしいものです。

感謝すべきものはいつでもそこにあります。

つねに感謝の心を忘れないでください。

インスピレーションと協力して生きる

ところで、アン・パチェットのほうではこの一件をどうとらえていたのでしょうか。

私たちふたりのあいだに起こった不思議な魔法、私の頭の中から彼女の頭の中へと乗り移ったあのアマゾンの小説について、アン自身はいったいどう解釈していたのか。

私よりはるかに理性ある考え方をするアン。彼女でさえ超自然的な力を感じたようで、キスしたときにインスピレーションが乗り移ったのではないかと思っているといいます。そして、その後の手紙のなかでくだんの小説について語るときにはかならず「私たちのアマゾン小説」と書いてくれます。それほどアンは心が広く、まるで彼女自身が、私が思いついたアイデアの代理母であるかのように振る舞ってくれました。

　そうしたアンの優しさはうれしいのですが、真実はちょっと違っています。彼女が2011年に発表した『STATE OF WONDER』〔邦訳は『密林の夢』芹澤恵訳、早川書房、2014〕を読んだ人ならわかるように、この壮大な物語は完全にアン・パチェットの手による作品です。そもそも、彼女以外にこんな話を書ける人はいません。私など、アイデアを2年間手元に置いていた里親でしかないのです。

　そのあいだ、アイデアは真にふさわしい作者を探し求めていました。いろいろな作家を訪ねてみたあとで、私のところで過ごし、ついにアンという最適なパートナーを見つけたのかもしれません（この現象について、ボリス・パステルナーク〔ロシアの作家。1890-1960〕がこんなふうに美しく表現しています。「真の書物には、くっきりとした始まりなどない。森の木立のざわめきのように、どこからともなく生まれ出て、大きさを増し、次第に広がり、奥深い森林を眠りから起こし、そして突然……いっせいに木々の梢とおしゃべりを始めるのだ」）。

確かに言えるのは、この小説がどうにかして誰かに書いてもらおうとしていたということ。喜んで作品にしようと待ち構えてくれている作家を、倦むことなく探し続けたのです。少しあとで／いつの日か／2年後に／時機を見て／人生がうまくいきはじめたら、書こう——などと言いわけして待たせる人間は相手にしません。今すぐ書いてくれる人でなければだめです。

だから、これはほかでもないアンの物語なのです。

この事実に、私はただ酔いしれるばかりでした。神秘がぎっしりと詰まった、驚くべき世界に自分は生きている。そう感じたのです。英国の天文物理学者、サー・アーサー・エディントン〔1882－1944〕の有名な宇宙観を思い出します。「未知の何かが、われわれの知らないことをやっている」。

しかし、大事なポイントはその先にあります。それは、未知のものが何であるかなんて知らなくてけっこう、という姿勢でいることです。

正体のわからないものについては、解説してもらわなくても大丈夫。こうした現象が意味しているものは何なのか、アイデアがどうやって生まれたのか、創造性はなぜいつも気まぐれに私のところにやって来るのか。そうしたことが理解できなくても平気です。

思い通りにインスピレーションを相手にできるときがあれば、孤軍奮闘して何も生み出せないときもあるのはなぜか。今日、私ではなくあなたのところにアイデアが訪れたのはなぜか。あなたと私の両方を訪れたのはなぜか。私たちを見放したのはなぜか。

私は、これらの理由を知ろうなどとは思いません。

そもそも、私たち人間には理解できるはずがないのです。なぜなら、創作の神秘とは、この世界のおおいなる謎の一部なのだから。

ひとつだけ確かなのは、これが私の望む生き方だということ。インスピレーションの力を、私たちは直接目にしたり、証明したり、思いのままに操ったり、理解したりすることはできません。でも私は、全力を尽くして、この力と協力して生きていきたいのです。

確かに、奇妙な職業といえばそうかもしれない。

でも、ほかの仕事をして毎日を送るなんて私には考えられないのです。

Chapter 3

誰もが、「やりたいことをやる自由」を持っている

誰にも頼らず、自分たちの手で何かを生み出す

私は、芸術とは縁のない家庭で育ちました。私の家族はみな、いわゆる「規則正しい仕事」をして暮らしてきたのです。

母方の祖父は酪農家で、父方の祖父は加熱炉のセールスマン。祖母たちはふたりとも専業主婦でした。大おばたちも、曾祖母もその姉妹も、みな専業主婦です。私の父はエンジニアで、母は看護師をしています。ふたりとも筋金入りの保守派で、あの時代に若者だった人間にしては珍しく、ヒッピー思想の影響をみじんも受けませんでした。

１９６０年代、父は大学と海軍に所属していました。同じころ看護学生だった母は、病院で夜勤をしながら、将来に備えて貯金に励んでいました。結婚後、父は化学薬品会社に就職。その会社で30年間勤め上げました。母はパートタイムで働きながら、地元の教会での活動に積極的に参加するほか、教育委員会の委員を務めたり、図書館でボランティアをしたり、高齢者や家から出られない人たちを訪問したりしていました。

とにかく、責任感の強い人たちでした。その証拠に、ふたりともきちんと納税し、盤石の生活を築いています。大統領選ではレーガン〔第40代米国大統領。保守主義で知られる〕に２回も（！）投票したというほどです。

そんな両親から私が学んだのは、「**反逆精神**」でした。

なぜなら、彼らは人生において善良な市民であるだけでは飽き足らず、何かやりたいことがあれば、それをかならず実行していたからです。しかも、ほれぼれするほどさりげなく。

それほど化学エンジニアになりたいわけでなかった父は、クリスマスツリー栽培業を営もうと決めたのち、１９７３年に計画に着手します。私たち一家は農場に移り住み、開墾して種をまき、父の開業を手伝いました。このとき父は会社勤めをやめたわけではなく、自分の夢を毎日の生活に組み入れただけでした。

またあるとき、ヤギを飼いたくなった父は、数頭のヤギを買いこんでフォード・ピントの後部座席に乗せ、連れて帰ってきました。飼育経験もないのに、何とかなるとでも考えたのでしょうか。養蜂に興味を持ったときも同じです。ハチを買ってきて、とりあえず作業を始めたのでした。35年経った今でも、実家にはこのときのハチの巣があります。

何かに興味を持つと、とことんまで追究する。父は、自分の能力にゆるぎない自信を持っていました。何かが入り用になると（彼が必要とするものはホームレス並みに少なかったからそんなことめったになかったけれど）、自分で作るか修理するかして間に合わせてしまいます。作り方の説明を調べたり、専門家の意見を聞いたりはしません。父は、解説や専門家の存在をあまり重視していなかったのです。他人の学歴にもあまり関心を持たず、建築許可証や「進入禁止」の看板のような、社会のちょっとした便宜的な目印と同じぐらいに考えていました（よいアドバイスなのかどうかはさて置き、父によればテントは「キャンプ禁止」という印のついた場所に張るのがいちばんだそう）。

そう、父は、他人に指示されるのが大嫌いだったのです。徹底した個人主義を貫いて奮闘する姿は、ときに笑ってしまうほどでした。

海軍時代、上官である大佐が父に、食堂に置く意見箱をこしらえるようにと命じたときのことです。父は言われるがままに箱を組み立て、食堂の壁に固定しました。そして、最初の投書となる一文をしたため、差し入れ口から滑り込ませたその内容とは、「意見箱を撤去したらどうか」というものだったといいます。

いろいろな意味で、私の父は変人だったのだと思います。彼の極端なまでの反権威主義は、時として病的なほどでした。でも私には、それがかっこいい生き方のように見えていたのです。ヤギを積んだフォード・ピントで町中を走り回る自分たちが恥ずかしくてたまらなかったときも、父は好きなことをやって自分の道を進んでいる、それこそが、彼を深みのある人間にしているんだ――そう、直感していました。

それを何と名付ければよいのか、当時の私には知る由もありませんでした。でも、今ならわかります。**父こそ、「創造的生活」と呼べるような生き方をしていたのです。**

この先どう生きようかと考えていたあるとき、私はふと父のことを思い出しました。といっても、彼と同じ選択をして生きていこうと思ったわけではありません（私は農業従事者でも共和党員でもないし）。ただ、父を見ていると不思議と勇気づけられて、好きなようにわが道を着実に歩んでいこう、という気持ちになれたのです。

しかも私は、父と同じく他人に指図されるのが大嫌いだときています。他人と対立するのは全然好きではないけれど、私もまた筋金入りの頑固者です。この頑固さが、創造的に生きようとするときに役に立ったのでした。

母は、父にもう少し社会性を加えたような人間です。いつでも髪をきちんとまとめ、キッチンは片づいており、中西部風の気さくで品のよいマナーを完璧に身につけています。でも、ナメてはいけません。母の意志はチタンのように固く、才能は多岐にわたります。家で必要なことは何でも、自分でどうにかできるのだと固く信じ、組み立て、縫い、育て、編み、繕い、継ぎあてしてしまうのです。

家族の散髪をし、パンを焼く。野菜を育てて収穫し、保存食を作る。洋服を作る。ヤギのお産を手伝う。ニワトリを食肉処理して、夕食に出す。居間の壁紙を張り替え、中古のピアノ（地元の教会から50ドルで買い取ったもの）を塗り直す。傷の手当てをして、病院に行かずにすませる。みんなに優しく微笑みかける彼女は、いつでも頼りになる存在でした。しかしその一方で、こっそりと**自分の好み通りの王国を完璧に築き上げていたのです。**

私が、作家になる夢を持ち、少なくとも目指してみようと考えるようになったのは、こうした両親の、目立ちはしないけれど不遜なまでに強固な自己主張に影響を受けたからだと思います。

作家になりたいと言う娘に対して、両親が心配してあれこれ言ったことはまったくありませんでした。たとえ心配したとしても、口には出さなかったでしょう。

いや、正直に言えば、彼らは心配してさえいなかったのだと思います。両親は、自分たちの娘はしっかりと自分の足で立つ人間である、と固く信じていたようです（なにせ、自分たちがそのように育てたのだから）。ともかく、経済的に自立して他人に迷惑をかけなければ何をやってもよい、というのが一家の掟でした。

娘のことを案じない両親を持ったおかげで、私もまた、自分自身の行く末を案じることはほとんどありませんでした。

さらに言えば私は、文学界の権威のもとを訪ねて「作家になってもいいでしょうか」とお伺いを立てたこともありません。私の家族には、誰かからゴーサインをもらってから行動する、などという人間はひとりもいませんでした。**みな、ただただ自分たちの手で何かを作り出していたのです。**

私も、そうしようと心に決めました。この手で、何かを生み出すのだと。

誰もが創造する権利を持っている

つまり、私が言いたいのはこういうことです。**創造的な人生を送るのに、他人に許しを乞う必要はない。**

子どものころ、こんなことを言ってくれる人はあなたの周りにいなかったかもしれません。あなたのご両親が、どんな形であれリスクというものを恐れていたのかもしれないし、もしかしたら強迫的な規則至上主義者だったかもしれない。うつ病や、中毒や、依存症のせいで、想像力を駆使して創造性を発揮する余裕がなかったのかもしれないでしょう。あるいは、近所の人たちの目が気になっていたのかもしれません。何かを生み出すなんてもってのほかだと考え、何かを消費するだけの生活を送る人たちだったのかもしれないし、座ってテレビを見ながら、何かが起こるのを待っているだけの人たちに囲まれて育ったのかもしれない。

そんな子ども時代のことは忘れてください。たいした問題ではないのだから。

家族の歴史をひもといてみれば、あなたのおじいさんやおばあさんはかなりの確率で作り手だっただろうと思います。作り手ではなかった？　それならさらに時代をさかのぼって、あなたの曽祖父母はどうでしょう。あるいは、そのさらに祖先を調べてみてください。移民、奴隷、兵士、農民、船乗り、海の向こうから見知らぬ船がやって来るのを眺めていた先住民。うんと時代をさかのぼってみれば、そこに生きていたのは、**他人の作ったものをたんに消費するだけではない、受け身で待っているだけではない人たちです。**自らの手でものを作って暮らしていた人びとが、昔は存在していました。

あなたのルーツが、そこにはあります。

そしてそれは、私たちみんなのルーツです。

非常に長いあいだ、人間は創造的な生き物でした。これほど長く安定して創造的であり続けたのは、創造性が人類にとってきわめて自然な衝動だったからではないでしょうか。

そのことは、歴史的事実を見れば一目瞭然です。現在見つかっている人類最古とされる芸術作品がつくられたのは4万年前のこと。一方で、発見された痕跡から考えると、農業が始まったのはたったの1万年前です。

つまり、**魅力的だけれど必要ではない作品を作るほうが、日々の食糧を確保する方法を知るよりはるかに大事だったということ。**人類全体の進化の過程のどこかの時点で、私たちはそう信じていたのです。

創造的表現のすばらしさは、その多様性にあります。時代を超えて愛される芸術作品はときとして、文句のつけようもなく壮麗なものです。作品の前に跪き、涙をこぼすしかないという体験をすることもあるでしょう。とはいえすべての作品がそうとは限らないし、あなたの心をかき乱し興奮させる芸術表現が、私にとっては死ぬほど退屈だということもあり得ます。それでも数世紀にわたって、崇高そのものといえる芸術作品が数多く残されてきました。それらはすべて、作者のなかで真摯で敬虔な感情が極まり、昇華した結果生み出されたものなのです。

もちろん、気晴らしのためにつくられるような作品だってたくさんあります。土器や陶器をいつもよりかわいらしく作ってみたり、素敵な椅子を組み立ててみたり。暇つぶしに、壁にペニスの絵を描いたりするのだってもちろんありです。それも立派な創造活動なのだから！

あなたは何をしてみたいですか？　本を書く？　作詞作曲？　映画の監督？　陶芸？　ダンス？　見知らぬ土地を探検？　それとも、壁にペニスを描く？

どうぞやってください。誰にも構うことはありません。**人として生まれた以上、あなたには創造する権利があるのです。**おおいに楽しんでください（創造したいという気持ちは大切に、でも深刻にはならないように）。インスピレーションのおもむくまま、自由に創作してください。歴史上ほとんどの時代において、ものを作るというのはシンプルな行為であり、そう深刻な問題ではなかったのだから。このことを、心に留めておいてください。
人は、作るのが好きだから作るのです。
おもしろさや新しさを追求するのは、おもしろさや新しさが好きだからです。

そして、インスピレーションも私たちに協力してくれます。インスピレーションは私たちに何かを作らせたいのです。特別な、極上な、抱えきれないほど豊かなものを、私たち人間は持っているからです。小説家のマリリン・ロビンソン〔1943年アイダホ州生まれの米国人作家〕はこれを、「奇跡のような、過剰なる恵み」と呼んでいます〔『ニューヨークタイムズ・マガジン』2014年10月1日号のWyatt Masonによるインタビューより〕。

奇跡のような、過剰な恵みとは？

人が生まれながらに持つ創造性のことです。それはあなたの奥深くで、かすかな音を立てながら静かに動いています。

「創造的な人間」になりたいだって？　今さら何を言うのでしょう。あなたはすでに「創造的な人間」です。そもそも、「創造的人間」なんていう表現からしてくどすぎます。なぜなら、**創造性とはあらゆる人間の特質である**からです。感受性も、好奇心も、物を器用に扱えるように親指がほかの指と向かい合っているのも、リズム感も、言葉も、ワクワクする心も、神聖なものへ自然と惹かれる気持ちも、すべては人間が創造性を持つからこそ存在しているのです。

命ある限り、誰もが創造的な人間です。あなたも私も、周りのすべての人たちも、みな何万年もの歴史を持つ「作り手」の子孫です。インテリアデザイナー、金物職人、物語作家、ダンサー、探検家、バイオリン弾き、太鼓奏者、大工、農家、よろず相談人、美容師……みな、私たちの共通の祖先です。

高尚な文化芸術を推進しようとする人たちは、あたかも芸術が選ばれた少数者のためのものであるかのように思わせようとします。でも、これは間違いだし、迷惑でしかありません。

私たちは全員、選ばれた者なのです。生まれながらの作り手なのです。朝から晩まで、甘いものの食べ過ぎで朦朧としながらテレビのアニメばかり見ている子ども時代を送ったあなたにも、創造性が潜んでいるのです。

創造性は、太古から存在してきました。**私たちの体と心は、インスピレーションとの共同作業をするようにできています。**インスピレーションは、今日もあなたのことを探し続けています。その昔、あなたの祖先をつかまえたように。

ここまでの話でもうおわかりですね。創造的な生活を送るのに校長先生から許可書をもらう必要はないのです。

誰かの許しをもらわないとどうしても心許ないというなら——ほら、ここに私からの許可書があります！

といっても、買い物メモの裏面の走り書きですが。

しかし、これで正式に認定されたのですから、安心してください。

さあ、何かを作りはじめましょう。

自分の人生を鮮やかに彩る

私の家の近所に、しょっちゅうタトゥーを入れている人がひとりいます。

彼女の名前はアイリーン。私が安物のイヤリングを、ちょっと個性的だから、とか、なんとなく気が向いたから、などと理由をつけて買うのと同じような軽い感覚で、彼女は自分の体に新しいタトゥーを入れます。

朝起きて気分が落ち込んでいたら、「今日は、タトゥーでも入れにいこうかな」と宣言する。どんなタトゥーにするつもりなのかと聞かれたら、アイリーンはこう答えます。「そんなの、わかるもんですか。お店に着いてから決めるつもり。タトゥーアーティストにお任せっていう手もあるし」。

まるで衝動をコントロールできない思春期の女の子のようですが、そうではありません。

アイリーンはふたりの成人した子どもがいる大人の女性で、自分でビジネスをやっているうえにきっちり軌道にも乗せています。とてもかっこよくて、ユニークな魅力たっぷり。彼女ほど、最高に自由な精神の持ち主にはそうそうお目にかかれません。

私はあるとき彼女に、永久に消えないインクで体に痕をつけるようなことをこうも気軽にできるのはなぜなのか、たずねてみたことがあります。すると彼女は、「それは誤解よ。永久なんかじゃないわ。いつかは消えるものよ」と答えるではありませんか！

「つまり、あなたの体のタトゥーは全部、いつかは消えるってこと？」と、混乱気味の私。

アイリーンはにっこりして言いました。「違うわ、リズ。タトゥーはもちろん永久に消えない。消えるのは、この私の体のこと。あなたの体もそうよ。私たちがこの地球上にいるのはほんのつかの間。だから私、だいぶ前に決めたの。生きているうちにこの体をできるだけ陽気に彩ろうってね」。

惚れてしまいました。それも、うまく言葉にできないほど強く。

アイリーンと同じように、私もまた、この地上でのかりそめの命をできる限り鮮やかに彩りたいと願っています。それも、肉体だけではなく、心や精神、知力までも。明るい色彩、聞いたことのない音楽、大恋愛、リスキーな決断、不思議な体験、酔狂な冒険、突然の変化。そういったことを恐れたくはないのです。そしてもちろん、失敗さえも、です。

念のために言っておきますが、私は体中をタトゥーだらけにしようだなんて思っていません（たまたま、タトゥーがそんなに好きではないだけ）。**生ある限り、喜びにあふれた作品を生み出すために、できるだけ多くの時間を使って人生を彩る**のが私のやり方。私が覚醒していられるのも生き続けていられるのも、すべて「作りたい」という欲求のおかげなのです。

私の場合、生を彩るのに使うのがタトゥーインクではなくプリンターインクだというわけです。でも、私の書きたいという衝動は、自分の肌を鮮やかなカンバスに仕立てて生きていきたいというアイリーンの衝動と、まったく同じところから生まれています。

それは、「やってみない？」の精神。

すべては、いつか必ず、むなしく消えていくのだから。

ずうずうしく意思を表明する

自由に創造し、自由に探求する。そんな生き方をしたいなら、断固とした権利意識を持っていなければなりません。だからどうか、権利意識を身につけてください。

この「権利意識」という言葉に、恐ろしく否定的な意味合いがあるのは認めます。それでもあえて、この語が持つ肯定的な面を取り上げたいのです。

それは、**少なくともやってみる権利が自分にはあると思えない人間は、人生から創造性を引きだせはしない**から。創造性を発揮するための「権利意識」とは、王女のようなわがままな行動でも、世界の王者のような振る舞いでもありません。「権利意識」が意味するのは、私はここにいていい、とひたすら信じ続ける心のありようです。「ここに存在している」。それだけの理由で、自分自身の意見を持ち、理想を描く権利が私にはある。そんな信念です。

詩人のデヴィッド・ホワイト（1955年生まれ。英国出身）は、この権利意識を「安心しきったずうずうしさ」と呼んでいます。あなたがもっとエネルギッシュに生と向かい合って生きていきたいのなら、絶対にこれを身につけなければなりません。この「安心しきったずうずうしさ」がなければ、リスクを冒してまで何かを創造しようとする力は、決して出てはこないでしょう。保身という、息の詰まりそうな孤立状態から自分を解放し、冒険の旅に出て、美しい事物や思いがけない出来事に遭遇する。そんなチャンスも、生まれはしないでしょう。

「安心しきったずうずうしさ」は、利己主義や自己陶酔のたぐいとは違います。奇妙かもしれませんが、こういう心理とは対極関係にすらあります。「安心しきったずうずうしさ」はむしろ、あなたを自我から解放し、人生をより深く見つめる原動力となります。

創造的人生を歩めない原因は、往々にして自己陶酔（または自己不信、自己否定、自己批判、激しい自己防衛本能）にあります。「安心しきったずうずうしさ」のおかげで、あなたは自己嫌悪の暗い淵から救い出されます。**「私がいちばん！」などと叫ぶ必要はなく、「私はここにいる」とつぶやくだけでいいのです。**

よい意味でのずうずうしさ、言い換えれば、「存在する権利と、それに由来する自己表現の権利」の意識。これは、芸術的衝動が芽生えたとき心に浮かぶ、あのタチの悪い自問自答を退治できる唯一の武器となります。タチの悪い自問自答、この意味はおわかりですよね？　こんな感じです。「創造したいだって？　何様のつもり？　お前は間抜けな愚か者なのに。無能だし、何の役にも立たないのに。身の丈に合った場所に引っ込んだらどうだ」。

あなたはこの問いに対して、今までずっと、素直にこう答えてきたのではないでしょうか。「そうだね。自分は間抜けな愚か者。教えてもらえてよかった。よし、あきらめよう」。どうせ自問自答するなら、もっと実り豊かで愉快な会話をすること。そしてどうか、少なくともあなただけは、あなた自身の味方でいてあげてください！

創造的人間としての自分を他人に認めてもらうためには、まずあなた自身について定義しなければなりません。それは、あなたの意思を宣言することでもあります。まずは、そこから始めましょう。背中をまっすぐにして立ち、大きな声で。

私は作家です。

私は歌手です。

私は俳優です。

私は庭師です。

私はダンサーです。

私は発明家です。

私は写真家です。

私は料理人です。

私はデザイナーです。

私には、いろいろな顔があります。

私は自分がまだ何ものかわからないけれど、それを見つけようという好奇心でいっぱいです！


さあ、声に出して。「私はここにいる」と発信しましょう。そうして、あなたがここにいることをあなた自身にも教えてあげてください。**世界とか他人に対するこの意思表示は、自分自身に対しても行わなければ意味がないのです。**

宣言を聞いたとたん、あなたの魂は動きはじめるでしょう。大喜びで協力してくれるでしょう。なにせ、そのための魂なのだから。魂は、あなたが自らの存在意義に目覚めるのを、もう何年も待ち続けてきたのです。

でも、対話の口火を切るのは、かならずあなたです。そして、この対話を続ける権利をつねに自覚していてください。

意思と権利を表明すれば、あとは奇跡が起きるのを待つだけ、というわけにはいきません。**毎日、表明を繰り返してください。**成人してからの私は、来る日も来る日も、「私は作家である」と自分を定義し、意志を維持し続けなければなりませんでした。「何があっても創造的生活を送る」「成果があろうとなかろうと、心配と心細さで胸がつぶれそうになっても、創作活動は決して投げ出さない」。そう、自分の魂と世界全体に向かって、繰り返し言い聞かせたのです。

そのうち、どんな口調で表明すれば効き目があるのかもわかってきました。きっぱりと、でも優しく。辛抱強く繰り返すけれど、キーキー言ったりはしない。心の深い闇から生じるネガティブな声に向かって、静かではあるけれど断固とした口調で話しかけましょう。あなたは、凶暴な精神異常者を相手にした人質解放の交渉担当者。**ここで何よりも大切なのは、絶対に引き下がらないこと。絶対にです。**なにしろ、救出しようとしている人質は、あなた自身なのだから。

「いったい自分を何様だと思っているのか？」。ネガティブな声は闇の奥からあなたにこうたずねるでしょう。

それには、こんなふうに答えればいいのです。「それがわからないとは変ですね。いいでしょう。教えてあげます。私は、ほかの人たちと同じ神の子。そして、この世界の小さな構成要素でもあります。目には見えないけれど、私の力を信じて味方になってくれるインスピレーションが、いつも伴走してくれているのです。私がここにいること自体が、ここにいていい権利の何よりの証拠。意見を持ち、理想を描く権利や、創造性を発揮して何かを生み出す権利が、私にはあります。なぜなら、この私自身が『創造』の産物であり成果なのだから。そういうわけでいま、自由奔放に芸術表現を試みている最中。だから、もう私にはかまわないで」。

いかがでしょう。

次は、あなたが意思を表明する番です。

オリジナリティは後からついてくる

「芸術表現するほどの独特な個性が、自分にはないかもしれない」「平凡でつまらないアイデアしかないから、創作する価値がない」。こうした考えが、あなたの創造性を邪魔してはいないでしょうか。

作家の卵たちはよく、「アイデアはあるんですが、誰かがもう使ってしまったかもしれないと思うんです」と言います。

そうですね。たぶん、そのアイデアはもうどこかで作品になっているでしょう。**ほとんどすべての創作上の試みは、すでに誰かによって手がつけられています。でも、あなたの手ではありません。**

シェイクスピアがその全生涯で書き上げた作品には、この世に存在するあらゆる種類の筋書きが使われているといいます。それなのに、以後5世紀にわたって、作家たちは同じ筋書きを何度も繰り返し使って作品を書いてきました（しかも、それらの多くはシェイクスピアの時代よりずっと前からお決まりの筋書きとして存在していたものばかり）。

ピカソは、ラスコー洞窟の壁画を見てこう言ったそうです。「われわれ人間は、1万2000年ものあいだ、何ひとつ学ばずにきてしまった」。そう。きっと、その通りなのです。でも、だから何だというのでしょう？

私たちは同じテーマを繰り返し使って表現しています。数世代にわたって、何回も何回も、同じアイデアの周りを巡り続けているのが人間です。世代が何度交代しようと、新世代の人間は、それまでの人類が感じたり考えたりしたのとそっくり同じ衝動や疑問を持つもの。でも、それが何だというのでしょうか？　どのみち、私たちはみんなどこかでつながっているのです。今後も、似たようなひらめきから生まれる作品が繰り返し世にあらわれるに違いありません。どんな作品も、どこかで見たような気にさせるものです。でも、あなた自身の表現方法と情熱を、そのアイデアに注ぎ込んでみてはどうでしょうか。そのアイデアはきっと、あなたのものになるはずです。

私は年を経るごとに、「オリジナルなもの」には心を動かされなくなってきました。最近では、「本物であること」のほうにはるかにつよく感動します。オリジナルであることを打ち出そうとすると、表面的で気取った感じになりやすいもの。しかし本物の作品の静かな余韻は、いつでも感激をもたらしてくれるのです。

あなたのほんとうの気持ちだけを、真心を込めて表現してください。

どうしても分かち合いたい気持ちは、分かち合えばよいのです。

本物であるものは、それだけでオリジナリティを感じさせるものです。

誰かを救おうとしなくていい

そうそう、もうひとつ言っておきたいことがあります。自分の創造性で世界を救おうだなんて思わないでほしいのです。

あなたの芸術にいらないのは、オリジナリティ、そして「立派な意義」です。

たとえば、人びとの役に立つような本が書きたいと誰かが言うのを聞くたびに、私はこう思います。「お願いだからやめて」。

私を助けようだなんて思わないで。

人びとの役に立ちたいというあなたの優しい気持ちはわかるけれど、それだけが創造の動機だと困ってしまいます。あなたの意思の重さがこちらにまで伝わり、私の心に負担をかけてくるからです（そういえば、英国のコラムニスト、キャサリン・ホワイトホーン〔1928年生まれ〕のこんな至言がありました。「他人のために生きている人たちは、その周囲の人間を見ればすぐわかる。みんな悩まされているような顔をしているのだ」）。私なんかを助けるより、あなた自身が楽しむために本を書くほうがずっといいのにと思います。もし、重苦しくてシリアスなテーマを扱いたいというなら、それは**あなた自身を救い、心を軽くするために創作してください。**私たちを救い、私たちの心を軽くするためではなく。

私はかつて、自分自身の救済のために本を書いたことがあります。旅行記を書きながら、あの旅と感情的混乱に何らかの意味を見出そうとしたのです。自分という人間をよく知りたい。それが、この本を書いた唯一の動機でした。

ところが、私が書いたその話はいつのまにか、多くの人たちにとって自身を知るために役立つ本になっていたようなのです。私には決してそのつもりはなかったというのに。もし私が、他人を救おうとして『食べて、祈って、恋をして』を書いていたら、この本はまるで違ったものになっていたでしょう。場合によっては、耐えがたいほどくだらない本になっていたかもしれません。

実際、『食べて、祈って、恋をして』は、多くの評論家たちによって「耐えがたいほどくだらない」と評されました。でも、そんなことは大した問題ではありません。**大事なのは、それが自分自身のために書いた本である、ということ。**そしてそれゆえに、多くの読者がこの本の真正さを認めてくれ、最終的には、読者自身の役に立ったとさえ思ってくれたのです。

たとえば、あなたが今まさに手にしているこの本はどうでしょう。『BIG MAGIC』は、どう考えても自己啓発本ですよね？　いつでも読者のみなさんへの誠意と愛情を忘れない私ですが、この本はみなさんのために書いたわけではありません。私自身のためです。自分の楽しみのために生みだした作品なのです。

というのも、私はほんとうに「創造性」についてあれこれ考えるのが好きだからです。このトピックを深く掘り下げていく過程は、私にとって趣味と実益を兼ねたもの。本書の内容がいつかあなたの役に立つとしたら、それは望外の喜びであり、私にとってまたとない副産物です。しかし、そうだとしても、最終的には私は自分のやりたいことだけを追求していくでしょう。

私の友人に、修道女の女性がいます。彼女はフィラデルフィアで、ホームレスの支援活動に人生を捧げてきました。彼女の生き方はほとんど聖女の域にまで達しています。貧しい人びと、苦しんでいる人びと、行き場のない人びと、顧みられない人びとを精力的にサポートしているのです。

この友人が奉仕活動においてこれほどまで有能になれた理由は、何だと思いますか？それは、この仕事が好きだからです。彼女にとって、奉仕活動は楽しみそのものなのです。そうでなければ、うまくいかないどころか、つらい仕事、ゾッとするような受難でしかなくなるでしょう。

彼女、シスター・メアリー・スカリオンは受難者どころではありません。ほがらかなその性格にぴったりの、自分をいちばん輝かせてくれる生き方を選び、充実した毎日を過ごしています。その過程で、たまたまたくさんの人びとの世話をするという成り行きになっただけのこと。しかし、誰が見てもシスター・メアリーは心から救済活動に喜びを覚えています。だからこそ、彼女がそこにいるだけで人びとは限りない癒しを感じるのです。

つまり、私がここで言いたいのは、**自分の楽しみのために作品に取り組んでも、何の問題もない**ということ。安らぎを感じるから。夢中になれるから。罪滅ぼし。どんな理由でもかまいません。正気を保つための趣味として、でもいいでしょう。どうしようもなくくだらない内容であっても大丈夫。やってください。何でもありです。

あなたなりの理由があれば、それがどんなものであれ、創造する理由としては十分。あなたが心から好きなことに取り組んでいるだけで、それとは気づかないうちに、大きな救いを他者に与えることになるでしょう（「救いへと昇華しない愛はない」とは、神学者パウル・ティリッヒ〔ドイツ生まれでのちに米国に帰化。1886－1965〕の教え）。

だから、あなたが輝けることをしてください。あなた自身が感じる陶酔や執着や衝動に、素直に従ってください。これらの感情を信じてください。あなたの心のなかに革命を起こすような何かを創造してください。

あとは、なるようになります。

創造するのに学歴なんて必要ない

私は、文章表現に関連する大学院レベルの学位は取得していません。それにそもそも、大学院は出ていません。ニューヨーク大学では政治学の学士号を取りましたが（とにかく何かを専攻しなければならなかったので）、それよりむしろ、レベルが高く、昔ながらの寛容な気風を持ちあわせた一般教養科目課程で学べた幸運に、今でも感謝しています。

もちろん，私はこのときすでに作家志望だったので、学部では文章講座をいくつか履修しました。しかし、ニューヨーク大学を卒業したあと、大学院に進んでクリエイティブ・ライティングを勉強して人文学の修士号を取得しよう、などとは思いませんでした。私は私自身の表現方法を見つけたかったから、それぞれの表現方法を見つけようとやってくる15人のクラスメートと一緒の教室で学んでも意味がないと考えたのです。

また、クリエイティブ・ライティングの修士号によって何が得られるのかも、よくわかりませんでした。人文芸術系の大学は、たとえば歯学部に入学するのとはわけが違います。歯学部を出たら、学んだことを生かせる仕事につけるでしょう。国家資格や州認定資格がなければ歯科医（あるいはパイロット、弁護士、ネイリストなど）にはなれないけれど、国や州に公認された小説家などというものは、まあ、いたってしょうがないですよね。

文学史をひもといてみれば、このことがよくわかります。1901年以来いまに至るまで、11人〔2016年受賞のボブ・ディランを含めると12人〕の北米出身作家がノーベル文学賞を受賞していますが、そのなかでMFA（美術学修士号）を持つ人はひとりもいませんし、高校すら卒業していない人が4人もいます。

いまの時代、芸術系の大学院は数多くありますが、学費の高さは目玉が飛び出るほど。しかも、学校のレベルはピンキリです。それでも進学したいというならそれもありだとは思うけれど、**それが取り引きであるということだけは忘れずに。**この取り引きが、あなたにとって確実にプラスになるよう、くれぐれも留意してください。

学校側はもちろん、この取り引きによってお金を得ます。いっぽう、学生側がこの取り引きによって得るものがあるかどうかは、学生自身の学ぶ姿勢、カリキュラムの充実度、そして教授陣の質に左右されます。たしかに、授業を通して、自己管理や表現様式を学べるでしょうし、やる気が湧いてくるときもあるでしょう。アートスクールでは仲間ができるかもしれません。同じ志を持つ仲間は、貴重な同業者の人脈となり、キャリアを築こうとしているあなたの支えになってくれるでしょう。運がよければ、思いやりにあふれた熱心な教師がいて、よい指導者としてあなたの夢をサポートしてくれるでしょう。

しかし、アートスクールの学生についていえば、資格証明が欲しくて高いレベルの教育を受け、れっきとした創造者であるという学位のお墨付きを獲得したがっている場合が多いもの。私は、そういう学生を見ているといつも不安になります。

創造活動は不安定な仕事です。だから、何らかの証明書が欲しくなる気持ちはよくわかる。けれど、**もしあなたが毎日、地道な努力と仕事への愛を忘れずに、独力で技術を磨き続けているなら、あなたはすでに本物の創造者です。**誰かにお金を払ってそれを証明してもらおうとする必要などないのです。

芸術分野の修士号や博士号をすでに持っているあなた。心配はいりません。運がよければば、学位を取得する過程であなたの創造表現は上達したでしょうし、少なくとも害にはならなかったでしょう。授業で学んだ内容は何であれ、あなたの作品に磨きをかけるために利用すればよいのです。いままさに芸術分野の学位を取ろうとしているあなた、無理なくまっとうな手段で学位がとれそうなら、心配はいりません。もし授業料免除にしてもらえているのなら、なおいいでしょう。学校で勉強できるという幸運をおおいに生かしてください。懸命に勉強し、どんな機会も最大限に活用し、成長し続けるのです。焦点を絞って学びながら創造性を伸ばしていく学校生活は、きっと充実した時間になるでしょう。

でも、芸術関係の大学院へこれから入学しようかどうか考えているあなた。お金があり余っているという境遇ではないなら、聞いてください。学校に行かなくても生きていけます。そして、借金を抱えずにすみます。**借金は、創造にかける夢を殺します。**

私が知る限り最高の画家のひとりである友人は、世界屈指のアートスクールで教鞭をとっています。しかし、彼自身は修士号を持っていません。彼は巨匠《マスター》ではありますが、独学で技術を習得《マスター》した人間です。すばらしい画家になれたのは、何年も何年も、すばらしい画家になることを目指し、絵を描くことに心血を注いだからです。そして今教えているのは、彼自身学んだことがないような高いレベルの課程です。

こんな話を聞くと、アートスクールのシステムそのものがほんとうに必要なのかどうか、考え直してみたくなりませんか。しかし、彼の学校で学ぶために全世界から学生がやって来ています。そして、何万ドルもの奨学金返済義務を負ったまま卒業していくのです（実家が裕福な学生や、大学からの学費全額免除を受けている学生は別です）。

画家の友人は、自分の生徒たちのことが心配で心配で仕方ないと言います。膨れ上がっていく借金を抱える学生たち（先生のようになろうとして努力を続けるほど、借金が増えるという矛盾がここに）を見るのは、善良な彼にとって心痛の種なのです。私の心も痛みます。

友人の教え子たちは、ほんの数年間のアートの勉強のために、なぜ将来を担保に入れるようなことをするのでしょうか。こんな疑問をぶつけると、彼はこう答えてくれました。「じつは、学生たちはそこまで深く考えているわけではないんだ。アーティストには衝動的にものごとを決める人間が多いから、先ざきの計画を立てて暮らしたりはしない。アーティストは本来ギャンブラーなんだ。ギャンブルは、はまると恐ろしいけれど、芸術作品の制作は一種の賭けだからね。今つぎ込んでいる時間と努力と資金が、将来すばらしい結果を生み出してくれるかもしれない。作品が売れるとか、成功するとかね。わずかな見込みしかないけれど、そこに賭ける。長期的に見れば高い学費も払う価値はある、というほうに賭ける学生が多いんだ」。

これ、よくわかります。私も、創造活動においてはいつでも衝動的でした。衝動は、好奇心や情熱にはつきものです。仕事をしているとき、私はいつも思い切った賭けに出ています——少なくともそうするよう心がけています。たしかに、創造的な人生を送りたいのなら、リスクを冒すことに積極的でなければなりません。しかし、賭けに出るならば、賭けをしているという自覚を持つこと。今まさに賽を振り出すのはこの自分なのだという自覚のないまま、一か八かの勝負に出てはいけません。そして、かならず自分で自分の賭けの後始末（感情的にも金銭的にも）ができるようにしてください。

　私が心配なのは、**ギャンブルであるという認識がないままに、アートスクールに法外な学費を支払う人があまりに多い**ことです。学費は一見、将来に向けた健全な投資のように見えます。でも、学校という場所は、とどのつまりは職能を身につけるところですよね？　そして、職能を身につけるということは、責任を伴う立派な行為ですよね？　しかし芸術は、普通の意味でいう職業ではありません。創造的な仕事は安定した職業ではないし、この状況が変わることは決してないのです。

　アーティストになろうとして巨額の借金を抱えてしまうと、本来なら歓びと解放であるべきものが、逆にストレスと負荷を作り出す原因となりかねません。教育を受けるために多額の投資をしたのち、すぐに仕事で成功できなかったアーティスト（ほとんど全員ですが）は、自分を落伍者とみなすようになるかもしれません。アーティスト失格だという気持ちは、創作表現における自信を著しく損ない、ことによっては創作そのものをやめてしまう危険もあります。そして、屈辱感と敗北感にさいなまれるだけでなく、毎月、莫大な返済額を支払うたびにいやでも屈辱と敗北を思い出すという、最悪の状態に置かれることになるでしょう。

わかってほしいのは、決して高等教育に文句をつけているわけではないということ。私はただ、身動きが取れなくなるほどの借金を抱えた生活を送らざるを得なくなることに異議を唱えているだけなのです。創造的な人生を送りたいと願うのであれば、なおさらです。ここ最近（少なくともアメリカでは）、大学教育とは事実上、身動きが取れなくなるほどの借金を抱えることを意味します。けれど、アーティストくらい、借金を作るべきではない人間はいません。だからどうか、この罠に落ちないでください。もしすでに罠にはまってしまっているならば、どんな手段を使ってでも、一刻も早くそこから抜け出してください。**自由の身になり、自由に創作する人生を送るのです。あなたはそうやって生きるために生まれてきたのですから。**

用心すること。ただそれだけが言いたいのです。

将来を台無しにしないよう――そして、精神を病むことのないよう、どうか気をつけてください。

学校に通う以外にできることはいくらでもある

借金を作ってアートスクールに行くかわりに、一念発起して、現実の世界に自分を投げ込んでみてはどうでしょうか。そして、思い切った探求の旅に出るのです。それがだめでも、思い切って自分の内面に深々とアプローチしてみる、という方法もあります。あなたが今まで学校で何をしてきたか、虚心に振り返ってみましょう。学校で何年過ごし、どれくらいの試練を経験し、どんなスキルを習得してきたか？

若いあなたは、よく目を見開いて、世界があなたに教えてくれることをめいっぱい吸収してください（「教科書に頼らずに、上昇せよ！」と、ウォルト・ホイットマンも警告しています。私も同感です。学校に通う以外にも学ぶ方法はいくらでもあるからです）。そして、たとえあなたがまだ子どもだとしても、創造表現を通して自分の世界をどんどんまわりの人びとに見せましょう。年若いあなたなら、私と違ったものの見方をするだろうから、それを教えてください。誰もが知りたがっています。あなたの作品（どんな作品でもいい）を見ながら、この世に生まれ出てまだそんなに時間が経っていないあなたの新鮮な感覚、すなわち「若さ」というものを、体感してみたいのです。あなたのアイデアをたっぷり共有し、感じることができたらどんなにうれしいか。いずれにせよ、多くの人間にとって、今あなたがいる場所はもはや遠い過去の記憶になってしまっているのだから。

もう少し長く生きてきたあなたなら、今までの人生で学んだことに自信を持ってください。あなたは自分が思うよりずっと豊富な知識を持っているはず。あなたの人生は今ここで終わりなのではなく、これから出発する準備が整ったにすぎません。ある程度の歳になると、年齢にかかわらず、ほとんどの人は「生」について博士号級の知識を持っているもの。今もこの世界にいられる、つまりここまで長生きできたのは、あなたのその見識のおかげです。それを私たちに公開してください。学び、見聞きし、感じたことを。

あなたがさらに年長ならば、より創造的な生活を送るために必要なものは何でも持っています。ただひとつ足りないのは、実行に移す自信だけ。でも、あなたの作品をみんなが待ちわびています。

あなたが何歳であろうと、あなたの作品は、ほかの人たちが豊かで賢く生きていくために欠かせないものになるのです。

だから、不安と恐れを捕まえることができたら、その足首をつかんで逆さ吊りにしておきましょう。そして、創造者として認められるためにはあれも必要だしこれも必要だ（そしていくらかかるか）、などといったわずらわしい考えはすべて忘れてください。

いいですか。この世界に存在しているというだけでもう、あなたはすでに創造する者としての資格をすでに持っているのです。

誰に学ぼうが最後は自分次第

偉大な先生のもとで学びたいというあなた。それってそんなに重要なことでしょうか？すばらしい先生は、じつはどこにでもいます。図書館の書架の上や、美術館の展示壁面、何十年も前に録音された音源。それらのなかにも、先生はいます。**あなたに技を伝授してくれるのは、今生きている人間とは限らないのです。**私にとって、プロット作りやキャラクター設定の技術にかんしていえば、チャールズ・ディケンズ以上の先生は存命する作家のなかにはいません。言うまでもなく、オフィス・アワーにディケンズ先生を訪ねていって小説作法について話し合う、なんてことはできません。ディケンズに学ぶ方法はひとつ。まるで聖書を解読するかのように、私は何年もかけて彼の小説をひとりで研究し、実践として自分でも小説を書き続けたのです。

ある意味、作家の卵は運がいいともいえます。なぜなら、今も昔も、書くだけならひとりで進められる（そしてお金がかからない）からです。それがほかの分野になると、話はもっとややこしく、費用もずっと高くつきます。たとえば、オペラ歌手やチェロ奏者になろうと思ったら、厳格なメソッドに基づいて、専門の教師の下で訓練を積まなければなりません。

数世紀ものあいだ、こうした分野の芸術家は、音楽院やバレエ学校や美術学院で修業をしてから世に出ていきました。そして数々の芸術学院には、輝ける芸術家たちを輩出してきた長い伝統があります。ところがこうした分野でも、傑出した芸術家がみんな有名校出身というわけでは必ずしもありません。そして、すばらしい才能を持ち、最高の芸術教育を受けていながら、それを生かした仕事をしていない人もたくさんいます。

いずれにしても、真理はただひとつ。**どれほど優れた教師につこうと、どれほど評判の高い学校に行こうと、最終的には創造活動は自分ひとりの行為だということ**です。いつかは先生の元を巣立つときがきます。学校のブランド名も、いつまでもあなたを守ってはくれません。あなたは自分の足で立たなければならないのです。練習、勉強、オーディション、そして創作にどれくらいの時間をかけるのか。誰の助けも借りることなく、あなたひとりで決めなければならないのです。

最終的にはすべて自分ひとりにかかっている——この考えを、若いうちから真剣に実践すればするほど、うまくやっていける可能性は高くなるでしょう。

待っていないで、自分から動きだそう

20代の頃、私が学校で文章の書き方を習わずに何をしていたかというと、食堂のウェイトレスでした。そのあとバーテンダーとして働き、ベビーシッター、家庭教師、農場の手伝い、コック、教師、フリーマーケット出店者、書店員なども経験しました。安アパートに住み、車は持たず、古着屋で買った服を着ていました。仕事のシフトはめいっぱい詰め込み、収入はすべて貯金し、世の中のことを知るためにときどき長期の旅に出ました。

旅に出たのは、人びとに会って話を聞きたかったからです。よく、作家になりたいのなら自分が知っていることを書きなさい、と教わります。当時私が知っていたのは、「自分はまだ何も知らない」ということだけでした。そこで、作品の材料となるものをじっくり探すために外に出る必要があったのです。

食堂で働いた経験はとてもためになりました。1日そこにいるだけで、否応なく数多くの声に接することになります。後ろポケットには2冊のメモ帳を入れていました。1冊はお客さんからの注文を書きとめるため、もう1冊はお客さんの会話を書きとめるためです。

ネタ集めにもっと適していたのはバーでの仕事でした。というのも、ほろ酔いのお客さんたちは何でも包み隠さずに話してくれるからです（バーテンダー時代に学んだのは、誰

もが心をわしづかみにするような逸話のひとつやふたつを持っているうえに、誰もがそれを打ち明けたがっているという人間心理でした）。

そして作品を書いては出版社に送り、不採用の手紙を受け取る日々が続きました。何度不採用になっても、私は書き続けました。ひとりぼっちで、苦心惨憺して短編小説を書き上げました。ベッドルームで、駅の構内で、どこかの階段で、図書館で、公園で、友だちやボーイフレンドや親戚のアパートで。おびただしい数の作品を送り、すべて不採用になりました。

不採用通知を受け取るのは、嫌でたまりませんでした（まあ、好きな人なんていないでしょうけれど）。それでも、私は気長に構えていました。一生を文章表現に捧げて生きていくことができれば、それでよかったのです（しかも私の家系はみな長生きで、１０２歳の祖母も健在です。だから私にとって20代なんて、残り時間が少なくなったと焦るにはまだ早すぎる年齢でした）。

そんな私だったから、編集者にいくら断られても平気でした。どのみち、創作をやめるつもりなどなかったのです。不採用通知を受け取るたびに、むき出しの自尊心が相手に向かって吠えます。「しっぽを巻いて逃げるとでも思ったでしょうね？　あと80年は送り続けるから、せいぜい根負けしないように！　これから生まれてくる子が成人して編集者になるくらいまで、長生きして書き続ける予定なんだから」。
そうして通知はしまい込み、ふたたび仕事へと戻ったものでした。

不採用通知を使ったゲームも思いつきました。たとえるなら、無限に続く壮大なテニスの試合のようなもの。誰かが私に断りの手紙を送ってくると、私はネットの向こうに球を打ち返すかのごとく、その日のうちにその原稿を他の出版社に送るのです。私のポリシーはこうでした。打ち返されてきたボールは、そのまままっすぐ宇宙に向かって打ち返してやる。

私の作品を出版してくれる人など誰もいなかったので、こうでもしなければ気力が持たなかったのです。支持してくれる人も、エージェントも、出資者も、コネもありませんでした（出版業界で働いている知り合いなどいなかったし、知り合いにはそもそも働いている人があまりいませんでした）。誰かが私の住むアパートのドアをノックして、「才能はあるのに無名の若手作家がここにお住まいだと聞きました。ご活躍できるよう、私たちにぜひお手伝いさせてください」なんて言ってくれるわけがありません。**誰かが助けてくれるのをただ待っているだけではだめです。**何度でも、自分で自分が作家であることを宣伝しなければなりません。

編集者に認められる日は永遠に訪れないかもしれない。そんな思いも、実感としてはありました。顔も名前もない門番である彼らに向かって、粘り強い攻撃をかけ続けている私。決して降参せず、決して私を中に入れてくれない彼ら。この戦いに勝算はないのかもしれません。

それでも、私は平気でした。

「勝算がない」というだけの理由で書くことをやめるなんて、私には考えられなかったのです。出版できるかどうかなんてどうでもよかった。他人の評価というご褒美が欲しくて文章を書いているのではなかったからです。**私にとってご褒美とは、考えを的確に表現できたときのあの喜びや、自分の得た天職に忠実に生きているという自覚以外の何ものでもありませんでした。**いつの日か、運よく作家としての収入を得られたら、それはそれですばらしいだろうけれど、さしあたり、ほかのことをしてちゃんと食べていけているのだからいいではないか、と。生活していけるだけのお金を稼ぐ方法はいくらでもあって、仕事を転々としながらも、いつでもうまくやっていたのです。

私は幸せでした。無名もいいところだったけれど、それでも幸せでした。

働いたお金を貯めては旅に出て、見聞きしたことを書きとめました。メキシコのピラミッドの目の前で、ニュージャージーの郊外の町をバスで巡りながら、東欧で、誰かのパーティで。ワイオミング州の牧場で現場料理人として働いているあいだも、メモを取り続けました。

20代のいつごろだったか、作家志望の友人を何人か集めて、ワークショップを始めたことがあります。月に2回の集まりは数年間続き、私たちはお互いの作品を真剣に読みあったものでした。なぜそう命名したのか今では覚えていませんが、私たちはこのワークショップを「ファット・キッズ」と呼んでいました。

「ファット・キッズ」は世界最強の文学ワークショップだと、少なくとも参加しているみんなは思っていました。メンバーは慎重に選び、場を白けさせる、意地悪な人間は除外しました。こういう人たちはさまざまなワークショップにやってきては、ほかの参加者の夢を踏みにじっていくからです。「ファット・キッズ」のメンバーは、締め切り日を設定して創作に励み、各自の作品を出版社に送るよう互いに助け合いました。意見や悩みを分かち合うようにもなり、創作活動の妨げとなる悪い習慣から抜け出せないメンバーには、具体的な解決策を提案して力を貸したりしました。みんなでピザを食べ、おおいに笑ったものです。

「ファット・キッズ」のワークショップは、実り多く、刺激的で、じつに愉快でした。安心して創造性を発揮し、それぞれがありのままでいられて、あらたな試みに挑戦できる場所でした。しかも、費用は1ドルもかかりませんでした（もちろん、ピザ代は各自持ちでしたが）。

とにかく、ここで私が言いたいのはこういうこと。あなたにも「ファット・キッズ」は始められるのです！

創造性を解放する最高のアドバイス

イタリアに、インディペンデント映画の監督をしている友人がいます。もう何年も前になりますが、怒れる若者だった彼は、崇拝していた偉大なドイツの映画監督、ヴェルナー・ヘルツォークに勢い余って手紙を書いたといいます。

そのなかで友人は、ヘルツォークに思いのたけをぶちまけ、不満を書き連ねたそうです。いかに自分のキャリアが前途多難で、作品は万人受けしないか。誰もが事なかれ主義で、何もかもが高くつき、芸術を発展させるための資金を誰も出さず、一般大衆は下品な商業映画にしか興味を示さない、そんな世の中で、映画を制作することがどれほど難しいか。

しかし、友人が共感を求めてこの手紙を書いたのだとすれば、どうやら相手を間違えていたようです（よりによってあのヴェルナー・ヘルツォークに慰めを求めて泣きつく、という判断自体が私の理解を超えていますが）。とにかく、ヘルツォークから来た長い返信は、友人に手厳しく課題を突きつけるものでした。そのおおよその内容は次のような感じだったそうです。
「不満を言うのはやめるんだ。世の中は、きみがアーティストになることを望んでいるわけじゃない。きみの映画を見るとか、ましてやきみの夢のために出資するとか、この世界はそんな義務を負ってはいない。誰がきみの話など聞くものか。切羽詰まっているなら、カメラのひとつでも盗んでくればいい。泣き言を言ってないで仕事に戻りなさい」（今気がつきました。ヴェルナー・ヘルツォークは、本質的に私の母と同じ方針で若者に接しているのです。すばらしい！）

友人はこの手紙を額に入れて、机の上の壁にうやうやしく掛けました。ヘルツォークのこの忠告は、一見叱責のようですが、じつはそうではありません。この手紙によってヘルツォークは、友人を解放してあげようとしたのです。**きみは自分ひとりで何かを成し遂げることができる。何もしていないきみに、世界がご褒美をくれると思ったら大間違いだ。きみは自分で思っているほど弱くも頼りなくもない**――ここまで他人に教えてあげられるのは人間愛がなせる偉大な行為だと、私は思います。

単刀直入すぎて、耳を傾けたくないという人もいるでしょう。でもここで大切なのは、自尊心を持ってほしい、というメッセージなのです。大胆で新しい試みに取り組もうとしている人がいたら、自尊心を持てるよう励まし支えてあげる行為。高貴ですらあります。
ヘルツォークからの手紙は、つまり何だったのでしょう？

あれは、彼が友人に与えた許可書だったのです。

友人は、こうして映画づくりの仕事へと戻っていきました。

創造する喜びを宣言する

そうです。秘訣はここにあります。「不満を言うのはやめること」。

私が保証します。ヴェルナー・ヘルツォークも保証しています。

より創造的な生活を送りたいと望むのなら、不満を口にすべきではありません。

理由は山ほどあります。

まず、不満は聞いていてうっとうしいもの。どのアーティストも不満ばかり言っていますが、これほどつまらない話題もありません（プロとして創造表現にたずさわる人たちに不平不満が多いのには驚きます。悪魔のような独裁者によって無理やりクリエイターにさせられでもしたのでしょうか。彼らが自由意志と素直な心でこの仕事を選んだようにはとても見えません）。

第二に、創造することはもちろん簡単ではないからです。もし簡単だったら、誰にだってできてしまって、特別感もなければおもしろくもないでしょう。

第三の理由。どうせ誰も他人の不満など真剣に聞いてやしません。人はそれぞれ、自分のことで精一杯です。したがって、基本的にあなたはただレンガの壁に向かってしゃべっているようなものなのです。

第四の理由。これは致命的です。不満を言うと、インスピレーションが逃げていきます。創造表現がいかに難しく、疲れるものであるか、というあなたの不満を聞くたびに、インスピレーションは気を悪くしてあなたから一歩離れてしまいます。「悪かった！ そんなに足手まといになっていたなんて知らなかった。ほかのアーティストをあたってみるとするよ」。降参ポーズでこう言っているインスピレーションの姿が目に浮かぶようです。

私自身、不平を漏らすたびにこの現象が起きるのを体験してきました。「インスピレーション」の鼻先でドアをバタンと閉める、私の「自己憐憫」。すると部屋が急に冷え冷えとして、活気を失い、がらんとした感じになります。

そこで、若いときからこう心がけてきました。「私は、この仕事を楽しんでいる」と、自分自身に言い聞かせるのです。創造的生活につきものの、苦悩と恍惚感、成功と失敗、喜びと屈辱。あるいは、不遇の期間、単調な仕事、ヘマ、当惑、そして愚行。創造活動のあらゆる側面を味わい尽くしてやろう。そう、宣言するのです。

あるとき、思い切って大きな声で宣言してみました。

全世界（と、聞いてくれそうな人）に向かって、こう言ったのです。「私は創造的人生を送ることに決めているんです。でもそれは、世界を救うためでも、抗議するためでも、有名になるためでも、名著を後世に残すためでも、体制に異議を唱えるためでも、気にくわない奴らに見せつけるためでも、家族にどれだけいい子かわかってもらうためでも、ディープなセラピーとして心を浄化するためでもありません。ただ、好きだから、やるんです」。

さあ、あなたも声に出してみてください。「私は創造することを楽しんでいる」と。

このとき大切なのは、本気で言うことです。

ひとつには、これには周囲の人間をぎょっとさせる効果があるからです。自分の仕事を心から楽しむアーティスト。これは、現代を生きる創造的な人間に残された、唯一本気になることができる、じつに物騒なポジションなのです。

今どき、創造における喜びを声高に語ろうとする人なんてほとんどいません。だからそれは、まさにはみ出し者がすることです。そんなことをしたらアーティストとしてまじめに評価してもらえないのではないかと、みんなが恐れています。でもだからこそ、あなたはこれを宣言すべきです。変人になって、ずうずうしく楽しむのです。

でも、**何にもましてすばらしいのは、創造の喜びを宣言すると、インスピレーションを自分のもとへ引き寄せておけるということ。**あなたの口からこのような言葉を聞いたインスピレーションは、きっとあなたに感謝するでしょう。インスピレーションも、私たちと同じで、高く評価されたがっています。あなたの喜びの言葉を聞いたインスピレーションは、熱意と忠誠への見返りとして、あなたの手元にアイデアを届けてくれるでしょう。

それも、使い切れないほどたくさんのアイデアを届けてくれます。使い切るためには人生を10回は繰り返さなければならないほど、たくさんのアイデアを。

他人の評価はどうでもいい

あるとき、こんなことを言われました。「誰でも創造的になれるとあなたは言うけれど、人が生まれ持った才能や能力には大きな差があるんじゃないでしょうか。たしかに誰でもアートらしきものは生み出せるかもしれません。でも、優れたアーティストになれるのはほんの一握りの人間だけですよね？」。

さあ、どうでしょう。

正直言って、私にはそんなことはどうでもいいように思えます。

私は、高尚な芸術と大衆芸術の違いについてわざわざ考える気などありません。もし夕食の席で誰かが、真の傑作とただの手遊《てすさ》びとの差異の学術的分析について話しはじめたら、私はお皿に顔を突っ込んだまま眠ってしまうことでしょう。あるいは、この人は将来有名なアーティストになるだろうけれど、あの人は早々にあきらめたほうがいい、なんて偉そうに語る気にも到底なれません。

だって、どうすればそんなことがわかるというのでしょう？　そもそも判断できる人なんているのでしょうか。芸術性の高い低いなど、ひどく主観的なものでしかないし、私も何度予想を裏切られたことか。とても優秀なのに、才能は宝の持ち腐れ、何も創造しないまま終わる人たちもいます。かと思えば、私自身、尊大にも以前は見向きもしなかったアーティストによる作品の深さと美しさに触れて、打ちのめされてしまったこともあります。そうして、他人の持つ可能性を判定したり、はなから否定したりすべきではないと、経験から謙虚に学んだのです。

だからどうか、**アートにおける定義や区別などにわずらわされないようにしてください。**気が重くなり、心がかき乱されるだけですから。創造を続けるためには、できる限り軽やかな心と解放された気分でいてほしいのです。自分を偉いと思おうが、負け組だと思おうが、そんなことは関係ありません。とにかく、作りたいものを作って世に出してしまってください。世間の人びとには勝手にあなたのことを格付けさせておきましょう。彼らが何でもカテゴライズしたがるのは、それが心地いいからです。格付けをせずにはいられないのは、混沌としているものがあると、これを何とか一定の秩序に組み込んで安心したくなるからです。

　こうして、人びとはあなたをさまざまに分類するでしょう。天才、ペテン師、アマチュア、偽物、芸術家気取り、落ち目、趣味人、落伍者、新星、リメイクの達人。ほめそやされるかもしれないし、否定されたりするかもしれません。呼ばれ方もいろいろです。ただの通俗小説家、ただの子ども向け挿絵画家、ただの商業写真家、ただの市民劇場役者、ただの家庭料理人、ただの週末音楽家。ただの小物づくり好き。ただの日曜画家。とりあえず「ただの」がつく何か……。

　こんな分類など、極めてどうでもよいことです。彼らには彼らの意見を勝手に語らせておけばいい。自分たちの意見に惚れ込ませておくことができればもっといいですね。だって、私たちも自分の意見に惚れ込んでいるわけですし。ただ、作品を作りながら、他人から祝福（それどころか理解まで）されなければならない、などという思い違いにだけは陥らないようにしてください。そして、**他人が下す評価はあなたにはいっさい関係がないということを、つねに念頭に置くようにしてください。**

　最後に、この点について、W・C・フィールズ〔米国のコメディアン。1880－1946〕の意見も心に留めておきましょう。「大事なのは人にどう呼ばれるかじゃない。自分がどうそれに応えるかだ」。

　補足しておくと、これ、応える必要さえありません。

　ただ、自分のやりたいことをやり続ければよいのです。

作品への反応にかかわってはいけない

私は、書いた本がたまたま大ベストセラーになるという経験をしました。しかしその後の数年間は、遊園地などによくある、ゆがんだ鏡を張り巡らせた空間に生きているような心持ちで過ごしました。

信じてください。私は、大ベストセラーを書こうなどともくろんではいませんでした。書こうとしたところで、大ベストセラーの書き方なんてそもそも知りませんし（6冊の本を同じだけの情熱と努力を注ぎ込んで書きましたが、そのうち5冊はおよそベ、ス、ト、セ、ラ、ー、な、ど、と、い、う、も、の、か、ら、は、か、け、離、れ、て、い、た、の、が、そ、の、証、拠、で、す）。『食べて、祈って、恋をして』の執筆中、これが私の最高傑作や代表作になるかもしれない、などとはみじんも思っていませんでした。かなり個人的な話を書いたので、殻を破るチャンスになるだろうとは考えました。また、かなり赤裸々なスタイルで書いたので、揶揄されるのも目に見えていました。それでも何とか最後まで書き上げたのは、どうしても書かなければならない私的な理由があったからです。それに、精神的な体験をうまく文章で表現することができるかどうかを知りたかった、というのもあります。だから、私自身の考えや感情が、こんなにも多くの人たちの考えや感情と、ここまで濃密に交わる日が来るなどとは想像すらしていませんでした。

『食べて、祈って、恋をして』を書いているときの私が、本の出来にどれほど無関心だったかを物語るエピソードがあります。この本の舞台となった旅の最中、私はフェリペという名のブラジル人と恋に落ちました（今では結婚しています〔本書執筆後に離婚を発表〕）。付き合いはじめてすぐ、体験記のなかに彼のことを書いてもかまわないかどうか、聞いたことがあります。するとフェリペはこう答えました。「内容にもよるけど。書かれたら何が起こるの？」。

「何にも起こらないわよ。ほんと。誰も読まないから大丈夫」

　ところがこの本は、１２００万もの人に読まれることになったのです。


　そして、多くの人びとに読まれたと同時に多くの人に反感を持たれたことで、ある時点から『食べて、祈って、恋をして』は書物ではない、何か別のものに変わっていきました。それは、無数の人たちの限りなく強い情念がそのまま映し出されている巨大なスクリーンのようなもの。情念の種類は、むき出しの憎悪から盲目的な賛美まで、じつにさまざまでした。読者からの手紙の内容には、「あなたのすべてが大嫌い」もあれば、「あなたの本は私のバイブルです」もありました。

　もし私が、こうした読者からの反応に左右されて自分という人間の価値を決めていたら、どうなっていたでしょう。『食べて、祈って、恋をして』が大ヒットしても作家として歩むべき道から外れずにすんだのは、それをしなかったおかげなのです。**作品への評価は私自身には関係ない——これが私の、一生揺らぐことのない信条です。**作品の執筆に専心するだけですでに大仕事なのに、その上でさらに、上梓した作品について他人がどう思っているかを細かくチェックするなんて付帯作業、もってのほかです。

それに、自分は思いを自由に表現してもよいが、ほかの人たちは黙っていなければならない、などと考えるのは理不尽だし幼稚なことです。心の中の真実を語る資格が私にあるならば、私の本を批判する人びとにもその資格はあります。それが公平というものです。

いずれにせよ、何かを創作して世の中に出せば、それが物議をかもすときもあります。生きている限り、私たちは自然の秩序から逃れることはできません。永遠に息を吸っては吐き続けるように、あらゆる事象には作用《アクション》と反作用《リアクション》があるのです。

しかし、リアクションにかかわってはいけません。たとえそれがあきらかにおかしなものであったとしても。

ある日、サイン会でひとりの女性が私にこう言いました。「『食べて、祈って、恋をして』のおかげで人生が変わりました。夫の暴力から自分を解放する勇気をもらえたんです。具体的に言うと、例の場面、ほら、元夫にさんざん暴力を振るわれて耐えかねたあなたが、彼への『接近禁止命令』を出してもらった、あの場面のおかげです」。

接近禁止命令？　暴力？

それ、ないですから！　本にそんな記述はないし、実生活でも起こっていません！　この体験記の行間をどう読んでも、それらしい描写を見つけることは不可能です。あまりに事実とかけ離れすぎています。

でも、くだんの女性は無意識のうちにそんなストーリー、つまり彼女自身のストーリーを、私の体験記のなかに混ぜ込んでいたのです。おそらく、そうせずにはいられなかったのでしょう（意志と力をみなぎらせてくれたのは作家のギルバートであって自発的ではない、と思い込むほうが彼女にとっては楽だったのかもしれません）。感情的な動機はともかくとして、この女性は私の物語のなかに自分自身を登場させ、その過程でじっさいに私が書いたことは記憶から削除してしまったのです。

奇妙に聞こえるかもしれませんが、彼女にはそうする権利があると私は思います。自分の好きなように本を誤読する権利は、誰しもが有しているものです。ひとたび私の著書を手に入れたら、その本にかかわるすべての出来事は彼女に帰するのであって、二度と私の自由にはなりません。

ほかの人のリアクションは、作者であるあなたには関係ない――この現実を認識し、まっとうな創造活動の道を歩みましょう。人びとに作品を喜んでもらえたら心躍ります。見向きもされないときは残念に思うけれど、だからといってどうしようもありません。作品を誤解されても、決してやきもきしないでください。あなたが作ったものが大嫌いだと言われたら？　激しく辛らつな言葉で攻撃され、知性を貶められ、真意を曲解され、顔に泥を塗られたら？

そんなときは、にっこりと微笑み、できる限り礼儀正しく、こう提案してみましょう。「あなたも自分で何かやってみたらどう？」。

そしてまた、コツコツとあなたの創造活動を続けるのです。

「ぼくらは、たかがバンドにすぎなかった」

私がこういう話をするのは、結局のところ、ほんとうに「どうでもいい」からです。

だって、とどのつまりは、たかが創造活動。

ほら、あのジョン・レノンも、ビートルズについてこんなことを言っていました。「ぼくらは、たかがバンドにすぎなかったんだ」。

誤解しないでください。私は創造活動を愛しています（もちろんビートルズも崇拝しています）。人生を創造表現の追求に捧げてきたし、誰もがそうすべきだと、長い時間をかけてメッセージを伝えてきました。それは、創造的な生活がこの世でいちばんすばらしい生活だと信じているからです。

インスピレーションが降臨してくるときや、すばらしい芸術作品を堪能しているとき、最高の忘我の境地を何回か経験しました。そして、芸術的直観の源泉は神聖で奇跡的なものであると、固く信じています。しかし、だからといって、何もかもをひどく深刻にとらえる必要はないのです。なぜなら、**つまるところ人間の芸術表現は、ありがたくもすがすがしいほどに、余剰の活動だからです。**

まさにこの理由のために、私は創造活動を愛しているのです。

まったく役に立たないからこそ価値がある

私は間違っているのでしょうか？　あなたも、芸術とはこの世でもっともまじめで大切なものであると信じている人たちの仲間でしょうか？

親愛なる友よ。それならば、このあたりでお別れしなければなりません。

私は、芸術とはみんなが思い込んでいるほどの一大事ではないという動かぬ証拠を、この身をもって示してきました。だって、本音のところを言えばそうでしょう？　客観的に見て、私の職業より社会的に価値の低い職業は何かと聞かれたら、あなたは答えに窮するに違いありません。何でもいいから思いつくままに職業を挙げてみてください。教師、医師、消防士、守衛、屋根職人、牧場主、警備員、ロビイスト、セックスワーカー……そして、たいして意味のない肩書「コンサルタント」でさえ、小説家に比べれば、人間社会のスムーズな運営における重要性ははるかに高いのです。今までも、そしてこれからも。

　こうした考え方のエッセンスを極限まで濃く抽出してくれたのは、テレビドラマ『30ロック』〔2006年から2013年まで放映された米国NBCのシットコム〕の一場面です。劇中のテレビ番組責任者、ジャック・ドナギーが、放送作家である主人公のリズ・レモンに対して、ライターなんてまったく社会の役に立たない職業だと言ってからかいます。

ジャック「文明滅亡後の世界で、ライターがどうやって社会の役に立つっていうんだ?」
リズ「……流しの詩人とか!」
ジャック「いや、せいぜい炭鉱のカナリアだろ」

　ジャック・ドナギーの言ったことはおそらく真実です。でも、がっかりする必要はありません。それどころか、私などはワクワクしてしまいます。客観的に見て役に立たないものを作っている私が、ちゃんと暮らしていくことができている。これはつまり、今はまだ文明滅亡後の暗黒世界ではない、という証拠です。

　言い換えれば、生き延びるためだけの単調な作業に縛りつけられる必要はない、ということ。文明世界にはまだたっぷりとゆとりがあり、想像力や美や感動だけでなく、とんでもなく軽薄なシロモノさえも受け入れる余裕がある——私の職業が存在できているのはその証なのです。

純粋な創造表現がなぜこれほどすばらしいのかというと、生きていくうえで必要不可欠で避けては通れない事柄全般（食料、住まい、薬、法律、社会秩序、共同体や家族への責任、病、喪失、死、税金、等々）と対極にあるからです。つまり、**創造性とは、必需品よりも魅力的なもの。**私たち人間の持つ創造性は、この世界からの、大胆で思いがけない贈り物なのです。だから、あらゆる神々や天使たちが一堂に会してこう言ったとでも考えてください。「人間社会にはいろいろと苦労が多くて大変そうですね。そんなあなたたちに、お楽しみをプレゼントしましょう」。

言いかえれば、私は自分のライフワークがほぼ間違いなく役に立たないものであるとわかっても、これっぽっちも落胆しません。

むしろ、遊び心が刺激されるだけなのです。

芸術のせいで生命の危機にさらされる？

もちろん、この世界には、たんなる遊び心から創造性を発揮してはいけない場所や、自己表現が大きく深刻な波紋を呼び起こすような場所があることを、忘れてはなりません。ナイジェリアで牢屋に入れられている反体制派のジャーナリスト、イランで自宅監禁されている急進的な映画監督、アフガニスタンで自分の声を届けたいと奮闘している抑圧された若き女性詩人、そしてほとんどの北朝鮮の人びとにとって、創造的表現とは生きるか死ぬかの問題とつねに隣りあわせです。残酷な全体主義体制下に生きながらも、勇敢に、あきらめずに芸術作品を作り続けている人たちもいます。彼らは英雄であり、私たちは深い敬意を捧げなければなりません。

しかし、正直に認めようではありませんか。**私たちのほとんどは、こういう状況下にはない**ということを。

あなたや私が住んでいるのは、ほぼ安全な世界です。創造的表現によって危険にさらされる確率は低い。それも、笑ってしまうくらい低い。たとえば、出版社が私の作品を気に入らなかったとしましょう。本は出してもらえず、私はしょんぼりします。でも、それがもとで家に人がやってきて私を撃ち殺すなどという展開になることはありません。『ニューヨーク・タイムズ』の書評でけなされたからといって、死人が出るわけでもありません。小説のエンディングがどうしてもうまく書けない私が、極地の氷が溶ける速度に影響を与えるなんてこともありえません。

創造活動において、私はいつも成功するとは限らないでしょう。けれど、それはこの世の終わりを意味しません。文筆で生計を立てていけなくなるかもしれませんが、世界の終焉を招きはしません。なぜなら、本を書く以外にも生き延びる手立てはいろいろあるから。しかも、それらは執筆よりは簡単な仕事ばかりです。

また、失敗したり批判されたりすれば、私の大切な自尊心は傷つくことでしょう。それは事実だけれど、だからといって私の自尊心が国家の存亡を左右するなんてことは絶対にありません（神よ、感謝します）。

あなたや私の人生において、「芸術ゆえの生命の危機」は、おそらく発生することはない。これが現実です。

というわけで、そこのあなた。芸術を生み出してみようではありませんか。

創造性はもっと軽やかに扱っていい

数年前、『GQ』誌の記事のためにトム・ウェイツ〔米国のシンガーソングライター。1949年生まれ〕にインタビューをしたことがあります。このインタビューのエピソードは以前にもどこかで話しましたが、この先もずっと話し続けるつもりです。なぜなら、彼ほど創造的生活について明確で賢明に語る人間には会ったことがないからです。

インタビューのあいだ、ウェイツは、さまざまな形をとって生まれてくる曲のアイデアについて、気の向くままに熱弁をふるってくれました。ばかばかしいほど簡単に、彼いわく「ストローで夢を吸い上げるみたいにして」生まれてくる曲。「ジャガイモを掘るみたいに」苦労させられる曲。「古いテーブルの裏にこびりついていたガムみたいに」なかなか厄介で変な曲。横からそっと忍び寄って捕まえないと、驚いて飛んでいってしまう野生の鳥のような曲。

「かなり手ごわくて気難しい曲になると、こっちも強気な態度でほとんど脅すみたいにしないと反応すらしてくれないんだ。うんともすんとも言ってくれなくて、アルバムのレコーディング自体が中断になるときもある。そんなときは、スタジオからミュージシャンにもテクニシャンにも出ていってもらって、このわからず屋の曲に厳しく小言を言ってやるのさ。人払いをしたスタジオをぐるぐる歩き回りながら、『よく聞け。オレとお前は道連れなんだ！　お前以外はみんなバンに乗り込んでるんだぜ！　5分以内に乗り込まないっていうんなら、お前抜きでアルバムを作るぞ！』ってね。

これでうまくいくときもある。

うまくいかないときもある。

仕方ないときもあるんだ。曲によっては、それほど熱心に生まれたがっていないヤツもいるからね。ただこっちをイライラさせて、時間を無駄にさせて喜んでるだけなんだ。オレの注目を独り占めしたいらしい。もしかしたらほかのアーティストに見つけてもらうまでの暇つぶしをしてるのかもしれない。最近じゃオレも、達観してるよ。前は、歌が生まれてこないとつらくて苦しかった。でも今は何にも心配していない。曲がもしほんとうに生まれたいと願っているなら、ちゃんとしたやり方で、ちゃんとしたタイミングで、オレのところにきてくれると信じている。

そうじゃなければ、恨みっこなしで、送り出してやるんだ。どうしても生まれ出てこようとしない厄介な曲なんかだともう『誰かんとこに行けよ』って言ってやるのさ。『レナード・コーエン〔カナダのシンガーソングライター。詩人、小説家。1934－2016〕のところにでも行っちまえ』ってね」

トム・ウェイツは長年の経験によって、創造性というものはもっと軽やかに扱ってもいいのだということを感覚的に理解したのです。決して大騒ぎしたりおびえたりしなくてもいいのだということを。

この軽やかさについては、彼自身の子どもたちから多くを学んだのだそうです。まだ幼かった子どもたちのお守をしていたウェイツは、彼らが創造性を自由に発揮している様子に気がつきました。子どもたちは、ごく自然にでたらめな歌を作っては歌い続けています。歌い終わったら、「折り紙で作った何かこまごましたものか、紙飛行機みたいに」そのまどこかに放ったらかしにして、次に心に浮かんだ歌を歌います。アイデアが途切れてしまうのではないかという心配などとは無縁です。創造性のあるなしなど意にも介していません し、自分自身と競ったりもしていません。のんびりと、何の疑問も持たずに、インスピレーションのおもむくままに生きているのです。

ウェイツは一時、クリエイターとしてこれとは正反対の生き方をしていました。どうにかして自分の創造性を発揮したいと躍起になっていた青春時代のこと。若者が往々にしてそうであるように、重要で、意義深く、難解なことをしているように見られたかったのです。他人よりもいい作品を作りたい。小難しくて強烈なものを作りたい。苦痛と苦悩、酒浸りの日々、魂の暗闇。芸術家とは苦悩するものだ、という狂信のなかで自分自身を見失っていたのです。当時の彼にとって、この苦悩は「芸術への献身」を意味していました。

しかし、子どもたちがあまりに自由に創造しているのを見て、彼は突然ひらめきます。これはたいしたことじゃないんだ、と。「わかったんだ。ソングライターとして自分がほんとうになすべき仕事はひとつしかない。それは、ほかの人たちの心のなかに宝石を作ってあげることだって」。

音楽は、イマジネーションにとってただの飾りでしかない。音楽とはそういうものなのだ。このことに気づいてからは、いろいろな可能性が広がっていったと言います。作詞作曲も、そんなにつらい作業ではなくなったのだそうです。

心のなかに宝石をつくるデザイナー。なんてかっこいい仕事でしょう!

でもこれこそが、私たちの仕事の基本となるものです。理屈抜きでおもしろいことを作ったりやってみたりする。それがクリエイターというもの。ほかの人びとの心のなか(もしくはたんに自分の心のなか)にあってほしいと思う宝石を、思うがままにデザインするのです。挑発的、攻撃的、清らか、とんがっている、トラディショナル、正直、破滅的、愉快、激しい、おしゃれ。宝石の特徴はさまざまです。

でも、そうやって創り上げたとしても、あなたの仕事はやっぱりただの「心のなかの宝石デザイン」でしかない。装飾にすぎないのです。しかしだからこそ、輝かしいのです。

これだけは絶対に忘れないでください。**あなたの仕事は自分を苦しめなければできない仕事ではない**ということ。わかりましたね?

肩の力を抜いて。

リラックスしましょう。

さもなければ、何より、素敵なひらめきがあなたのうちに生まれた意味がなくなってしまうのだから。

創造的生活を送るための大切な逆説

結論をお伝えします。

芸術には、まったく何の意味もありません。

と同時に、深い意味に満ちてもいます。

もちろんこれは逆説ですが、私たちはみんな立派な大人。適切に対応できるはずです。

ふたつの相反するコンセプトを同時に抱いたとしても、頭が爆発することはないでしょう。

だから、ちょっと考えてみてください。充実した創造的生活を送りたいのなら、この逆説に居心地よさを感じなければなりません。「私の創造表現は（芸術に人生を捧げるなら）私にとっては世界でいちばん大切なものでなければならないけれど、同時に、（もし正気でいようと思うなら）まったくどうでもいいものでなければならない」。

ときには、この両極端な考えのあいだを、ものの数分間のうちに行ったり来たりしなければならないこともあるでしょう。たとえば、今この本を書いている私は、ひとつひとつの文の出来が、まるで人類の未来を左右するかのような気持ちで取り組んでいます。素敵な文にしたいから、神経をそこに集中させます。半端な気持ちで取り組むなんて怠惰で恥ずべき行為です。しかし、推敲の段階では違います。書いた直後に推敲する場合もありますが、どんなに気に入っている文でも、捨て去って二度と使わないぐらいの覚悟が必要です（もちろん、削除した文が結局また必要になり、拾い上げて使用するときもあります。そのときはふたたび神聖な一文として大事にします）。

自分の芸術にこだわる。こだわらない。

頭のなかに、このふたつの逆説が同居できるくらいのゆとりを持ちましょう。ゆとりの空間は、大きければ大きいほどいいでしょう。

そのスペースを広げていってください。

それは、あなたに必要なスペースです。

このスペースに、できる限り奥深くまで分け入ってみてください。そして、あなたが作りたいと思うものを何でも作ってください。

なぜならそれは、他人には関係のない、ほかならぬあなたの問題なのだから。

Chapter 4

決してあきらめない

誓いを立てる

私は16歳のとき、作家になるという誓いを立てました。

文字通り、それは誓願式でした。私とは正反対のタイプの若い女性なら、たとえば修道女になるときにこんな儀式をとりおこなうのだと思います。もちろん、10代の女の子が作家になるときの正式な儀式などはないので、誓いを立てるためにあらゆる想像力を駆使し、あらゆる情熱を注ぎ込んで自分なりの方法を編み出しました。

ある晩、寝室に引きこもった私は、照明を全部消してろうそくを灯しました。そして敬虔な気持ちで跪き、こう誓いました。「天寿をまっとうする日まで、文章創作にこの身を捧げます」。

今の私から見ても、あの宣誓は妙に具体的で、しかもかなり現実的なものだったと思います。そのとき私は、「作家として成功します」とは誓いませんでした。成功というものは自分ひとりの力ではどうにもならないと、うすうす気づいていたからです。それに、「優れた作家になります」とも言いませんでした。優れているかどうかなど、自分にはわからないからです。あるいは、「30歳になるまでに本が出せなかったら、作家になる夢をあきらめて別の仕事を見つけます」というように、自分で期限を課したりもしませんでした。

つまり、**作家の道を歩むときの条件や制限をひとつも設けなかった**のです。自分に課した期限、それは無期限でした。

そのかわり、成果があってもなくても生きている限り文章を書き続ける、それだけを全世界に向かって誓いました。夢を追求するときには、怯まず、感謝の念を忘れず、不平をできるだけ言わないよう努力する。文章創作に決して経済面で頼ろうとはせず、自分のほうが文章創作のためにいつでも尽くしてあげる。つまり、必要であるならどんな方法でもいいから、自立しながら自由に創作できる生活を整えるのです。

文章に捧げるこの身に、他者からの褒美などは期待しません。できるだけ長い時間を文章創作に費やしたいという欲求しかありませんでした。書くことだけが私の好奇心と喜びの源泉。だからこれに永遠に寄り添っていたかったのです。執筆に必要な生活環境を整えるためなら、何でもする覚悟でした。

ワクワクしながら学び続ける

驚かれるかもしれませんが、私はこれらの誓いをいまだに守っています。何年も守り続けて今に至っています。たくさんの約束を（結婚の誓いを含め）破ってきたわが人生ですが、16歳のときのあの誓いを破ったことは一度もありません。

混迷のさなかにあった20代のときでさえ、誓いに従って生きていました。ありとあらゆる点で厚かましく無責任を決め込んでいた頃のことです。未熟でそそっかしくて無謀だったけれど、**聖地巡礼者級の強い信念をもって、書くことへの誓いだけは守り続けた**のです。

20代の頃は毎日書いていました。いっとき付き合っていたミュージシャンのボーイフレンドは毎日楽器の練習をしていたので、彼が音階の練習をしているあいだ、私は小説の習作をしていました。音楽も文章も同じ理屈で、技術を磨くためにはつねに体を慣らしておき、鈍《なま》らないようにする必要があるのです。

インスピレーションが少しも湧いてこない、調子の出ない日などは、キッチンタイマーを30分にセットして、とにかくそのあいだは座って何でもいいから書くことにしていました。傑作のなかには1日1時間だけを使って書かれた本だってあるのだ、とジョン・アップダイク〔米国の作家・詩人。1932−2009〕がインタビューのなかで話していたのに感化されたのです。何が起こっていようとも、どれだけ筆が進まなかろうとも、習作だけに集中する。その30分間をねん出することは、実際のところ不可能ではありませんでした。

すらすらと書けたためしはほとんどありません。自分でも何をやっているのかわからず、ほとんどお手あげ状態でした。まるで鍋つかみをはめたまま細工物をこしらえようとしているようなもの。何を書いても、ひどく時間がかかります。センスもなければテクニックもないから、ちっぽけな短編小説をひとつ仕上げるのに1年もかかってしまいます。それに、書いている時間のほとんどは、大好きな作家の文体を何とか真似してみようとがんばっていただけです。ヘミングウェイ期（のない人なんていませんよね）を経て、かなり重症のアニー・プルー〔米国の小説家。1935年生まれ〕期や、打ち明けるのがやや恥ずかしいコーマック・マッカーシー〔米国の小説家。1933年生まれ〕期などがありました。でも、これがビギナーの通る道。**自分のスタイルを確立するまでは、模倣の日々が続くものです。**

ある時期などは、南部ゴシック小説〔米文学特有の1ジャンル。アメリカ南部の雰囲気を表現するためにゴシック小説的なプロットが用いられている〕らしきものを書こうとしていました。故郷ニューイングランド〔アメリカ北東部の6州を合わせた地方〕が持つ繊細な雰囲気より、こちらのほうがずっと人を惹きつける語りになると思ったからです。もちろん、私はそれほど南部作家らしい書き手ではありませんでした。なにせ、生まれてから一度も南部に住んだことがないのだから（南部出身のある友人などは、私の作品を読んだあとで憤慨しながらこう言いました。「ポーチに座り込んでピーナツを食べたことなんて生まれてこのかたないくせに、きみの小説にはポーチに座り込んでピーナツを食べているじいさんばかり出てくる。まったくいい度胸をしているね！」。そうかもしれませんが、何事も挑戦なのです）。

どんなものを書いても、難しさはつねにつきまといます。でもそれ自体は問題ではないのです。サラサラと書きたい、などと願ったことはありません。**書く作業に求めるのは、ワクワクさせてほしいということだけでした。**

そして私は、文章を書いているときにはいつでもワクワクしていました。うまく書けないときでさえ、それなりのワクワク感がありました。私にとって、これほどまでに深い関心を抱ける仕事はほかにありません。この、汲めども尽きぬ興味のおかげで、私はいつまでも書いていられるのです。たとえ目に見える成果はなくても。

それに、ゆっくりとではありますが、創作技術も上達していきました。

シンプルだけれど普遍的な人生のルール、それは、何でも練習すればいつかは上達する、ということ。たとえば20代の頃、毎日バスケットボールの練習をしていたら、毎日パンをこねていたら、毎日自動車修理を習っていたら……きっと今ごろ、フリースローやクロワッサン作りや変速機修理の名人になっていたでしょう。

私の場合、それが文章修業だったのです。

学び始めるのに遅すぎることはない

だからといって、創造活動は20代で始めなければ遅すぎるというわけではありません。

そんなふうに間違って解釈しないように！

創造活動を何歳で始めようと、決して遅すぎることはありません。

もうそんなに若くないという歳で創造の道を歩みはじめたすばらしい芸術家を、私は何人も知っています。人によってはかなりの高齢になってから始めています。紙面の都合上、今回はそのうちのひとりだけを取り上げます。

彼女の名前はウィニフレッド。

その名を知ったのは、１９９０年代のグリニッジ・ヴィレッジでのことです。ウィニフレッドの90歳の誕生日パーティで（これがかなり盛大なイベントでした）、私は初めて本人に会いました。なんと彼女は、私の友人の友人だったのです。ウィニフレッドの交友関係は年齢も経歴もさまざまで、この友人は20代の男性でした。

当時の彼女は、グリニッジ・ヴィレッジのワシントン・スクエア公園界隈におけるちょっとしたスターで、この辺に昔から住んでいる筋金入りのボヘミアンでした。赤毛のロングヘアを頭のてっぺんで艶やかに結い上げ、琥珀のビーズでできたネックレスを何連もまとっていました。科学者だった亡き夫の存命中は、世界中の台風やハリケーンを追いかけてまわる遊びがふたりのバカンスの過ごし方だったといいます。まさに、彼女自身がハリケーンのような存在だったのです。

ウィニフレッドのような鮮烈な生き方をしている女性に初めて会った私は、インスピレーションを得ようとして彼女に質問したことがありました。「今まで読んだなかで最高の本は何ですか？」。

「まあ、なんて質問かしら。私にとって大切な本はとっても多いのよ。1冊に絞るなんてできないわ。でも、お気に入りの学問なら教えてあげられる。10年前から勉強している古代メソポタミア史に今は夢中なの。それにね、この勉強のおかげで人生が変わったって言いきれるわ」

当時25歳だった私は、90歳の未亡人の口から「何かに夢中になって人生が変わってしまった」などというセリフを聞いてびっくりしてしまいました。この瞬間、私は、ものの見方が広がっていくのをほとんど体で感じているようでした。そうして私の精神はゆっくりと少しずつ開かれてゆき、女として生きていくうえであらゆる種類の新しい可能性を試してみたい、と思えるようになっていったのです。

しかし最大の衝撃を受けたのは、そのあとでウィニフレッドの学問にかける情熱をさらに詳しく知ったときのこと。なんと彼女はその後、古代メソポタミア文明史の専門家として名を成すまでになっていたのです。それは、この分野の勉強を10年間みっちり続けた成果にほかなりません。つまり、どんなことでも10年間専念すれば、エキスパートになれるのだということ（10年あれば、修士号ふたつに博士号ひとつを取得できます）。ウィニフレッドは中東まで何回も足を運んで発掘調査に参加し、くさび形文字を学び、メソポタミア文明を専門とする著名な研究者や博物館長たちと親交を深めてきました。関連する展示会や講演会が地元で開催されれば、絶対に参加しています。そしてとうとう、古代メソポタミアについて人びとに見解を請われるまでになったのです。今や彼女こそがこの学問の権威だというわけです。

当時の私は大学を出たばかりでした。対象にもよりましたが、まだまだ鈍く貧しい想像力しか発揮できなかった私は、ニューヨーク大学を卒業できたのだからこれ以上の学問は必要ないと信じ込んでいました。ところが、ウィニフレッドに啓発されて気づいたのです。他者に学業修了を言い渡されたからといって、自分の学びが終わるわけではない。**学びが終わるのは、自分でそう決めたときなのだ**ということに。ウィニフレッドは、80歳になったばかりの女の子だったときに決意したのでした。まだ学びは終わっていない、と。

では、最高に創造的で情熱的な人生は、いつ始めるのがよいのでしょうか？　始めようと決めたときならいつでも。それが正解です。

負の感情をコントロールする

私は努力を続けました。

書き続けました。

相変わらず出版されるめどは立ちませんでしたが、平気でした。だんだん知恵が身についてきたからです。

独学ではありながらも、規則正しく執筆する習慣を続ける。その最大のメリットは、創造活動において感情が変化するパターンを把握できるようになることでした。ここではむしろ私自身の感情のパターンというべきかもしれませんが、要は**自分の創作の過程に伴う心理的サイクルがわかってきた**、ということです。このサイクルは、だいたいいつも同じパターンを繰り返していました。

たとえば、数週間前にひどく興奮しながら着手したプロジェクトなのに、どうしてもやる気が出ない。そんなときはこう言えば大丈夫です。「ああ、これこれ。今私は、プロジェクトを始めなければよかった、なんて後悔してる。だけどこれも創作プロセスの1段階。前にも経験したし、いつも通らなきゃならない段階だ」。

創作プロセスには、他にもいろいろな段階があります。

「もう二度といい文章なんて書けないと絶望する段階」

「怠け者の負け犬だと自虐的になる段階」

「レビューでひどくけなされたらどうしようとおびえる段階（書いているものがいつか出版されたらの話だけど）」

「今後いっさい何も書けなくなるのではないかとパニックに陥る段階」

何年間も文章を書くことに専念した結果、悟りました。**創作のプロセスから外れず、恐怖でパニックに陥らないよう気をつければ、こうした恐怖の段階はそのうち終わり、次のレベルに進むことができる**ということを。恐れとは、正体不明の何かに対する人間の自然な反応。そう思えば勇気も出てきます。私はこのままでいい。インスピレーションを表現するために生まれてきたのだし、インスピレーションも私との共同作業を望んでいる――そのように自分自身を納得させます。そうして、感情の地雷原に足を踏み入れてこっ端みじんになり、プロジェクトを放棄するという事態を避けることができるのです。

恐れと不信を募らせて混乱しているとき、私には「創造性」が語りかけてくる声が聞こえる気さえします。

「一緒にいて。戻って来て。私を信じて」

私は、「創造性」を信じようと決めました。

ゆるぎない創作への歓びが生まれるのは、創造性に対するこの強い信頼があってのことなのです。

この湧き出でる感覚を、ノーベル賞を受賞した詩人のシェイマス・ヒーニー〔北アイルランド出身。1939－2013〕が、とても優美に言語化しています。

「これから詩を書こうとするならば、すぐによい詩が書けるだろうなどと期待してはならない。詩人の卵は、いつまで経っても井戸の半分までしか桶を下ろさない。空の桶を引き上げては、何度も同じことを繰り返すだけ。ひどく落胆するだろうが、そうするほかはないのだ。

でも、それを数年間続けてごらん。あるとき思いがけず井戸の鎖がピンと張り、桶が水底に届いていることがわかるだろう。こうなったら、何度でも水を汲みたくなる。水がたっぷりたまるころには、皮膚のあちこちに傷ができていることだろう」

どんな苦汁でも舐められるか

20代前半のころ、仲のよい友人がいました。彼は私と同じく作家志望でしたが、作家として芽が出ず、出版の見込みがまったく立たなかったために、しょっちゅう落ち込んでいたのを覚えています。彼はいつもふてくされて、憤っていました。

「こうやって時間を無駄にしていたくないんだ。やっていることに成果を出したいんだ。本を書いて食っていきたいんだよ！」。それが、彼のいつもの愚痴でした。

そのころの私にさえ、彼のこの態度は何かおかしいと思えました。

念のために言っておくと、当時の私も本を出す予定はなく、自作の出版を渇望していました。この友人が欲しがっているものはすべて、私だって欲しかった――成功し、褒賞を得て、人びとに認められたかったのです。がっかりしたり、失望したりするのは日常茶飯事でした。

しかし私は、創造的な人間にとって、落胆やいらだちを乗り越える術《すべ》を身につけることは仕事の一部である、と考えていました。分野は何であれ、アーティストを目指すなら失望との上手な付き合いが何より重要であるどころか、それさえできていればあとはなんとかなるのではないか。**失望は創造プロセスを中断するものではなく、創造プロセスの一部なのです。**

創造プロセスの楽しい部分（仕事であるという感覚が少しもないとき）とは、何かすばらしいものを作っているとき、何もかもがうまくいっているとき、誰もがあなたの作品を気に入っているときです。あなたは有頂天。でもこんなときはめったにないもの。輝かしい瞬間が続けて訪れることはありません。輝かしい瞬間の合間に発生する落ち込み時期、つまり何事もうまくいかないときがあります。これにどう向き合うかによって、あなたが天職にどれだけ身を捧げているかがわかり、創造的な人生につきものの特殊な試練に対処する能力がどれほどあるのかがわかります。**創造のどの段階にあっても自分を見失わないこと。それが、この仕事の本質なのです。**

最近、マーク・マンソン〔米国の文筆家・実業家。1984年生まれ〕という作家の素敵なブログを読みました。彼によると、次の問いに対して正直に答えることが、人生の目的を見つけるうえでの秘訣なのだそうです。

「苦汁を舐めるなら、どんな味の汁なら大丈夫か？」

仕事をしていると、最初はどれほどすばらしく、エキサイティングで、華やかに見えたとしても、そのうちかならず最悪の事態は発生する。その仕事につきものの、苦汁を舐めさせられる出来事が起こるものだと、マンソンは言います。彼の含蓄ある言葉は続きます。「いつでもうまくいく仕事なんて、ない」。どの種の厄介事なら喜んで対処できるか、見きわめなければならないのはそのためです。

つまり、答えるべき問いとは「どんな仕事に打ち込みたいか？」ではなく、「苦汁を舐める覚悟があるほど打ち込んでみたい仕事は何か？」なのです。

マンソンはこう説明しています。「プロのアーティストになりたい？　作品を、数千回とまでは言わないけれど、何百回も突き返される覚悟がないのなら、始める前から先は目に見えている。敏腕弁護士を目指している？　週に80時間も働くのが耐えられないのなら、あきらめたほうがいい」。

どんな分野でも、どうしても手に入れたいくらい好きならば、そこにもれなくついてく

る最悪の状況でさえ平気で受け入れられるはず。

たとえば、ほんとうに赤ちゃんが欲しいなら、悪阻《つわり》があっても気にはなりません。

ほんとうに牧師になりたいのなら、人びとの抱える問題に耳を傾けるのをいとわないでしょう。

ほんとうに芸人の仕事を愛しているなら、巡業生活の不快で不便な面も我慢できるはず。

ほんとうに世界を自分の目で見たいのなら、電車の中でスリに遭う覚悟を決めるもの。

ほんとうにフィギュアスケートを習いたいのなら、寒い冬の朝、夜明け前に起きてアイスリンクに行かなければなりません。

例の作家志望の友人は、本気で作家になりたがっていました。しかし、そのせいでつらい目には遭いたくないというのが本音でした。たしかに書くことを愛してはいたけれど、成果が欲しいときに手に入らないという屈辱に耐えられるほどではなかったのです。自分が納得する世間的な成功がある程度約束されていなければ、どんな仕事にも必死にはなれないのでした。

つまり、作家になりたいという友人の気持ちは中途半端なものでしかなかったのだということ。

ほどなく彼は、書くことをやめてしまいました。

彼が半分だけ舐めた苦汁を、私はつばを飲み込みながら見つめ、「全部飲まないの？」

と聞きたくなりました。

それくらい、私は書く仕事を愛していたのです。書く時間が増やせるなら、誰かの舐めかけの苦い汁でさえ飲みたいくらいでした。

「創作だけで食べていく」という危険な幻想

作家になろうとして習作を重ねていたころの私は、つねにお金を稼ぐための仕事をしていました。

本が出版されたあとでも、収入確保のためのアルバイトをやめることはありませんでした。3冊本が出ても、まだ続けていました。しかも、いくつかのバイトを掛け持ちで。3冊とも大手出版社から出してもらい、『ニューヨーク・タイムズ』の書評欄でも好評を得ていました。そのうちの1冊は全米図書賞にノミネートまでされました。ほかの人たちにとっては、私はすでに作家として成功しているように見えたでしょう。でも私は経済的なリスクを取るつもりはなかったから、バイトは続けました。

4冊目の本（そうです。これが例の『食べて、祈って、恋をして』だったんです）が出てようやく、私は書くこと以外の仕事をやめ、執筆に専念するようになりました。

こんなにも長いあいだ著述以外の仕事で生計を立てていたのは、創作に経済的な責任という重荷を負わせたくなかったからです。創作だけで食べていくよりもバイトをしたほうがよいと、長年ほかの人たちを見ていてわかりました。**芸術の仕事で日々の支払いを賄おうとした結果、創造性の命を奪ってしまう人たちのなんと多いことか。**創造活動だけで食べていけなければ、クリエイターとして認められない。そうやってむきになった挙句、破産や狂気にみずからを追い込むアーティストたちを、私はこの目で見てきました。そして自分の創造性に（家賃を払えるくらい稼げないから）失望し、恨みを募らせ、不安にさいなまれ、ときには破産の道を歩むのです。最悪の場合だと、創造活動をすっかりやめてしまうこともあります。

創作の仕事で毎月の支払いを賄おうとするのは、創作に対してあまりに残酷な仕打ちだと私は思います。創造活動は、政府機関や信託基金などの仕事とは違うもの。もちろん、芸術的なひらめきだけで永遠に快適な生活を送っていけたら最高です。誰もがそう夢見ている。でも、この夢が悪夢に変わらないよう、気をつけなければなりません。収入面で頼りにされると、繊細で気まぐれな性格のインスピレーションはかなりの重圧を感じるでしょう。**インスピレーションに頼らず、自分で生計を立てるくらいの賢さを身につけてください。**芸術家肌の自分には金銭問題など扱えないと決めつけるのは、自分自身を子ども扱いすることです。結果、魂に屈辱を与えることになります。だからどうか、自分を子ども扱いしないでください（創作表現において、子どもの心を忘れないのは素敵なことですが、子どもっぽい振る舞いは危険です）。

そのほかにも子どもじみた妄想はいろいろあります。金のために結婚する夢、遺産相続する夢、宝くじに当たる夢、「マネージャー兼奥さん」（この場合の奥さんは男でも女でもよい）を持ち、世俗的な雑事をすべて担当してもらい、自分は快適な環境で好きなようにインスピレーションとの交歓に時間を費やし、浮世離れした生活を送る夢。

さあさあ。

あなたが生きているのは社会であって、お母さんのお腹のなかではありません。社会の一員としてまっとうに暮らしながら創造性を育んでいくことはじゅうぶんに可能です。なぜなら、人間はそうやって生きてきたのだから。しかも、自分の足で立って生活をしているという誇りは人間にとっては根源的なものであり、これがあるのとないのでは創作活動の質も変わってきます。**自立しているという誇りは、あなたの作品に力強さを与えるでしょう。**

また、時期によっては、芸術で食べていけるときもあれば、そうでないときもあるかもしれません。食べていけないときでも、それは危機的状況などではありません。創造的な生活には変化があり、先の読めない日々がつきものなのだから、当然の流れだと思えばよいのです。

あるいは、創造的な夢をかなえようと大きなリスクを冒したはいいけれど、結果としてそれが利益を生まなかった場合はどうでしょう。次の夢に向かって備えるために、しばらくのあいだは雇われ仕事をしてお金を貯めなければならないかもしれません。でも、それでいいのです。おおいに働きましょう。創造性に向かって、「あなたがお金を稼ぐべきなのに！」と八つ当たりするのは、猫に向かって怒鳴るのと同じです。猫はあなたがいったい何を言っているのか理解できないし、大声を出して怖い顔になっているあなたに、ただおびえて逃げていくだけでしょう。

私がアルバイトを長く続けたのは、創造性を束縛せず、恐怖を与えないためでした。複数の収入源を確保していたので、なかなか姿を見せないインスピレーションに対しても、「心配しないで。焦らなくて大丈夫。いつまでもここで待っているから」と言って、安心させてあげることができたのです。創造性が羽を伸ばして力を発揮できるよう、外で懸命に働きました。いわば、自分自身のパトロンでありながら「マネージャー兼奥さん」ともなったのです。

ストレスで疲れ切り金銭的にひっ迫しているアーティストたちを見るたび、こう言いたくなります。「自分にそんなにプレッシャーをかけるのはやめましょうよ。何か仕事を見つければいいじゃない！」。

バイトのような時給仕事をすることは、屈辱でも何でもありません。あなたの生活費をねん出させられそうになった創造性がおびえて去っていってしまう状況のほうがよっぽど屈辱的です。だから、仕事をやめて小説の執筆に専念するという誰かの宣言を聞くたび、私はとても心配になります。初めて書いた脚本が売れたら、それを借金返済に充てるつもりだと誰かが言うのを聞くと、思わず「ええっ」と小声で叫んでしまいます。

小説の執筆、いいですね。脚本を書いて売り込むのも、もちろんやるべきです。幸運の女神があなたに微笑みかけ、たくさんのチャンスを与えてくれることを心から祈っています。**ただ、それによって得る報酬をあてにしないでほしいと、切実に願います。**理由はたったひとつ。実現の可能性があまりに低いからです。しかも、そのような厳しい最後通牒を突きつけられた創造性がつぶされてしまう可能性は非常に高いのです。

生活の糧を得るための仕事をしながらでも、創作活動を続けることはできます。私も、ほかの仕事をしながら3冊の本を書き上げました。『食べて、祈って、恋をして』の異常なまでのヒットがなかったら、きっと今でもそうしていたでしょう。トニ・モリスン〔米国のノーベル賞作家。1931年生まれ〕は朝の5時に起きて小説を書き、日中は出版社での仕事をしていました。J・K・ローリング〔『ハリー・ポッター』シリーズで知られる英国の作家。1965年生まれ〕も、貧しいシングルマザーとして働き、毎日切り詰めて暮らしながら物語を書き続けていました。私の友人、アン・パチェットも、TGIフライデーズ〔北米のレストランチェーン〕でウェイトレスをしながら、時間を見つけては小説を書いていました。知り合いのカップルはふたりともイラストレーターですが、フルタイムで働く会社員でもあります。毎朝、子どもたちが目を覚ます1時間前に起きだして、自宅の小さな仕事スペースに向かい合って座り、黙々とイラストを描いています。

時間とエネルギーがあり余っているから、彼らがこういうライフスタイルを選んだのではありません。ただただ、創造性をとても大切にしていて、そのためなら骨身を惜しまないからです。

それは、地主階級の出身でもない限り、誰でもがやっていることです。

理想からかけ離れた環境で制作するということ

人類史上のかなりの時期において、ほとんどの人間が少し手の空いた時間や細切れの時間を使って芸術作品を作ってきました。おまけに、材料はその辺からくすねてきたり拾ってきたりしたゴミです（アイルランドの詩人、パトリック・カヴァナ〔1904-1967〕はこれをハッとするような言葉で言いあらわしています。「見てごらん／いらないものの寄せ集めで／誰かが作った／あの壮麗さを」）。

かつてインドで、所持品は牡牛が1頭だけ、という男性に会ったことがあります。牡牛の頭には2本の角がすっくと生えていました。牡牛を愛でようと、彼はまず1本の角をピンクに、もう1本をターコイズブルーに塗ります。そして、それぞれの角の先に接着剤で小さな鈴をつけ、牡牛が頭を振るたびに、派手なピンクとブルーの角がチリンチリンと陽気な音を立てるようにしました。

働き者で貧しいこの男性には、財産と呼べるものは牡牛しかありませんでした。でも彼は、これを最大限に美しく飾り立てたのです。そのために使ったのは、家の塗装に使ったペンキの余りと、接着剤、そして鈴。すべて、彼の手元にあったものばかりです。でも、創造性を発揮したおかげで、彼の牡牛は町でいちばん目立つ牡牛になりました。

「何のために?」と聞きたくなりますか? 目的なんてありません。飾り立てた牡牛のほうが、ただの牡牛よりもいいに決まっているからです!(その証拠に、11年経った今、インドのあの小さな町で見た動物のなかで私がはっきりと思い出せるのはこのおめかしした牡牛だけです)。

空いた時間に何か「いらないもの」を使って作品をこしらえるしかない環境。創作表現においてこれが理想的な環境かと言われれば、決してそんなことはないと思います。ただ、最悪というわけでもないのではないでしょうか。

環境にこだわりすぎる必要はないと、私は思います。だって、人びとはどんな環境にあってもいろんなものを作り上げてきたのだから。時間やお金がたっぷりあって、支援者やパトロンや報酬も確保できている人なんてめったにいません。それでも、人びとは創造し続けてきました。好きなことは簡単にはやめないものです。創造するために生まれてきたと思うからこそ、何があっても、どんな手段を使ってでも、何かを作り続けるのです。

たしかに、お金はあったほうがいいとは思います。でも、創造的な人生を生きるためにお金だけが必要なのだとしたら、大富豪こそがこの世でもっとも想像力豊かで、新しいものを生み出し、独特の考えを持つ人たちであるはず。けれど、現実は違います。**すべての人間にとって、創造性を育むために必要不可欠なのは、勇気を持ち、魔法を受け入れ、許されていると知り、決してあきらめずに、信じ続ける心です。しかもこれらはみな、誰の手にも届くところにあります。**だからといって、創造的な人生がつねに楽だというわけではありません。けれど、やろうと思えばいつでも手に入るものなのです。

あるとき私は、ハーマン・メルヴィル〔『白鯨』で有名な米国の作家。１８１９－１８９１〕が親しい友人のナサニエル・ホーソーン〔米国の作家。代表作に『緋文字』。１８０４－１８６４〕にあてた、胸をかきむしられるような手紙を読んだことがあります。そのなかでメルヴィルは、クジラを題材にした小説を書く時間が取れないと嘆いています。「あれやこれやの雑事が多すぎる」。メルヴィルは、創作する時間がたっぷりあったらどんなにいいだろう（彼自身の言葉を借りれば、「静寂。平静。草の成長の音が聞こえるくらい静かな場所。人はこのような環境で創作にたずさわるべきなのに」）、でもそんな贅沢は自分には許されていないのだと言います。貧困にあえぎ、鬱屈を抱えたメルヴィルは、心静かに小説を書く時間を見つけることができなかったのです。

心静かに作品に取り組む時間を欲しがらないアーティスト（有名・無名、アマチュア・プロを問わず）などいません。邪魔の入らない、静寂と平静に包まれた、草の成長の音が聞こえるくらい静かな日々を過ごしたいと、創造する人間なら誰しもが願っています。それなのに、実現できている人はどこにもいないようです。たとえできたとしても（たとえば、助成金や、友人の厚意や、研修アーティストという身分など）、そんなのんびりとした環境にいられるのはいっときのことで、瞬く間に現実の生活に引き戻されてしまいます。

私の知る、クリエイターとしてトップクラスの人びとでさえ、プレッシャーが皆無の夢のような環境で、創造的な試みに取り組むために必要なだけの時間を完全に確保することなど不可能だとこぼしています。絶え間なく発生する浮世の雑事に、邪魔ばかりされるのです。平和な楽園のような創作環境があるとすれば、それは別の惑星か別の人生での話。ここ地球上で見つけるのは至難の業です。

メルヴィルでさえ、一生、理想からかけ離れた環境で執筆していました。

それでも何とか書き上げたのが、あの『白鯨』だったのです。

創造性に夢中になるということ

困難や不都合があっても、ときには全然お金にならなくても、人びとが創造活動をやめようとしないのはなぜでしょう？

それは、恋をしているからです。

天職に夢中になっているからです。

夢中とはどういうことか、説明しましょう。

不倫している人たちが、激しく背徳的なセックスをするためにどうにかして相手に会う時間を作っているのは、みなさんもご存知かと思います。フルタイム勤務であろうが相手に家族がいようがたいした問題ではなく、愛人に会うちょっとした時間はなぜかいつでもねん出できるようです。障害もリスクもコストも、ものともしていません。吹き抜け階段の途中で15分だけであっても、その時間をフルに使って狂ったようにセックスします（それどころか、15分しか一緒にいられないと思うとなぜか余計燃え上がるようです）。

しかも、不倫の恋に夢中になっているときは、睡眠不足になろうが食事を抜こうが気になりません。犠牲にできるものなら何でも犠牲にし、障害物は何もかも突破して、身を捧げ恋い焦がれている相手とふたりきりになろうとするのです。なぜなら、それが彼らにとって大切なことだから。

自分の創造性に対しても、そんな情事のように入れあげてみてください。

これからあなたの創造性が相手にするのは、とっくに飽きている長年のつまらない結婚生活（つまり、無味乾燥で退屈な仕事）ではありません。あなたは、付き合いはじめの情熱的な恋人です。吹き抜け階段の上で15分しか会えないとしても、相手とのデートに駆けつけ、階段の片隅で、あなたの芸術を貪るのです！（15分あればかなりいろんなことができるもの。こそこそとデートするのが得意な10代の男の子や女の子たちに聞けばわかります）

つまりこれは、最高に創造的なあなた自身との、昼下がりの情事です。会社の同僚に、昼休みあなたがどこにいるのか、適当な嘘をついてください。出張のふりをして、こっそり引きこもり、絵を描いたり詩を書いたり、オーガニックのキノコ栽培業の計画を練ったりしてください。この情事は、家族や友人にも隠します。パーティに出ているなら、席をはずして、暗闇のなかで創造的なアイデアとふたりきり、ダンスを踊りましょう。真夜中に起きて、誰にも邪魔されないインスピレーションとのひとときを味わいましょう。寝なくたって平気です。睡眠よりデートのほうが大事なのですから。

愛する人と一緒にいるためなら、ほかにはどんなことを捨てられるでしょうか？

そうしたことすべてを負担だと思ってはいけません。セクシーだと思えばよいのです。

最高に着飾って創造性を誘惑する

もうひとつ、肝心なことがあります。それは、創造性に対しては、あなた自身もセクシーに振る舞う必要があるということ。自分自身が「デートしたくなるような相手」であるよう、演出するのです。

この点については、18世紀の英国のエッセイスト・作家にして、社交家でもあったローレンス・スターン〔南アイルランド出身。1713-1768〕の小説『トリストラム・シャンディ』〔1759-1767〕から得たヒントがあります。私はいつも、それを実行に移すのが楽しみでなりません。

同作のなかでトリストラムは、作家活動における低迷状態を打開するための素敵なコツを教えてくれます。それは、いちばん上等な正装に身を包み、完璧な貴公子然と振る舞い、きらびやかな出で立ちでアイデアやインスピレーションを自分のもとに引きつけておく、というものです。

トリストラムが、自分が「愚か」で、スランプに陥っていると感じたときや、考えが「もやもやとまとまらず、筆が重くて仕方ない」とき、どんな対策をとっているかを具体的に見ていきましょう。

まず、白紙のままの原稿用紙を前に意気消沈して座っていてはいけません。椅子から飛び降りて、新しい剃刀をおろして髭をそります（「無精ひげなど生やしていたんでは、ホメロスでさえよい文は書けまい」）。次に、念入りなドレスアップです。「シャツを着替え、よそ行きのジャケットを羽織り、最近あつらえた鬘《かつら》を持ってこさせ、トパーズの指輪をはめるのである。つまり、わが身体の隅から隅まで、最高の装いに身を包むというわけだ」。

完璧に着飾ったところで、トリストラムは気取った様子で部屋を歩き回り、創造の世界に向かって自分のことを最大限にアピールします。一分の隙もない、さっそうとした求婚者や自信満々の男であるかのように振る舞うのです。とってもチャーミングな作戦、だけど効果はてきめんです。「中身が伴っていなければ、外見を着飾っても無駄だ。一方で、紳士らしく身なりを整えると、頭の中が活性化してひらめきも生まれるのである」。

これを、あなたも家でやってみることをおすすめします。

私自身も、だるくてやる気が出ないときや、創造性がどこかに隠れてしまっている気がするとき、これを実行しています。鏡に向かって、厳しく自分に問いかけるのです。「ギルバート。それじゃ創造性が姿を隠すのも当然だと思わない？　自分の姿を見てごらんよ！」。

それから、身を清めにかかります。べたついた髪の毛を束ねていたゴムを外し、何日も着ていたパジャマを脱ぎ捨て、シャワーを浴びます。髭ではなくて、とりあえず脚のムダ毛を剃ります。少しは見られる服に着替え、歯を磨き、顔を洗います。そして、いつもは絶対につけない口紅を塗ります。机の上を片づけ、窓を全開にし、ときにはアロマキャンドルに火をつけさえします。さらにはなんと、この私が香水までつけます。ディナーの約束があるときでさえつけないというのに。でも、創造性をおびき寄せて手元に戻すためには香りは必須です（ココ・シャネルも言っています。「香りをまとわない女に未来はない」）。

　創造性と自分は愛人関係にあるのだと、私は肝に銘じています。だから、思わず情事に入れこみたくなるような人間でいられるように努力するのです。女をすっかり捨ててしまって、1週間旦那のおさがりの下着を着たまま家のなかをうろついているような女は失格です。頭のてっぺんからつま先まで（トリストラム・シャンディいわく「わが身体の隅から隅まで」）きちんとした格好をして、あらためて机に向かいます。すると毎回、効果てきめんです。トリストラムが持っているような、18世紀風の髪粉を振りかけた鬘《かつら》が手元にあったら、きっと私は折に触れてかぶっていたことでしょう。

「できるようになるまで、フリをする」。これがコツです。

あるいは、「書きたいと思う小説にふさわしい格好をする」と言ってもいいかもしれません。

　そうして、「ビッグ・マジック」を誘惑しましょう。いつでもあなたのところに戻ってきてくれますから。カラスが、キラキラ、ピカピカしたものに寄ってくるのと同じように。

完璧さにとらわれてはいけない

あるとき、才能ある若い男に恋をしていたことがありました。作家としての才能は私などよりはるかに恵まれていそうな彼でしたが、結局20代で創作をやめてしまいました。頭のなかにある作品がひとたび文章になったとたん、精緻な美しさが失われてしまうから、というのがその理由。彼にとってこれはあまりにもどかしい現象でした。心のなかに浮かんだまばゆいような理想の作品を、下手くそな文章で書きあらわして汚すのに耐えられなかったのです。

私がせっせと、不器用でぱっとしない短編小説を書いているあいだ、この才気あふれる青年は一語も書こうとはしませんでした。「そんなにがんばって書いて、気恥ずかしくならないのかな。きみだって、みじめな結果に傷ついたり怒ったりするのはいやだろう?」とまで言われました。芸術的眼識という点では、自分のほうが曇りない感覚を持っている、そう言いたかったのでしょう。

不完全なものを見ると、それがたとえ自分の作品であっても、彼の魂は傷ついてしまうのです。最高傑作でなければ絶対に書かない。その選択は、彼にとって崇高なものでした。「欠点のある成功よりも、美しい失敗のほうを選ぶよ」。彼はそう言うのでした。

私は思いました。そんなの、あり得ない。

完璧な理想通りに仕上げられないのならいっそ創作などやめてしまえ、という悲劇的なアーティストの姿は、私にとってはロマンティックでも何でもありません。ヒロイックだとも思いません。たとえはた目から見て負け試合だとしても、戦い続けるほうが、繊細な神経に障るからといって途中で退出するより、よっぽど称えられるべきです。

しかし、**戦い続けるには、完璧な作品という幻想を捨てなければなりません。**


というわけで、ここで少し、完璧主義についてお話ししましょう。

アメリカの偉大な小説家であるロバート・ストーン〔1937―2015〕はあるとき、自分は作家としては最悪の資質をふたつも持っている、と冗談交じりに言いました。まず、怠け者である。そして、完璧主義者なのだ、と。たしかに、このふたつを備えた作家は無力感と苦悩にさいなまれること間違いなしでしょう。充実した創造的な人生を送りたいのなら、怠け者にも完璧主義者にもならないように気をつけてほしいと、心から思います。

目指すべきなのは正反対。つまり、**ものすごく努力家な、適当主義者になる**のです。

まずは、完璧さにとらわれるのをやめましょう。そんな時間はありません。何をするにしても、完璧の域に到達できる人などいません。完璧なんて絵空事です。罠です。ハムスターの回し車です。死ぬまで走り続ける羽目になるでしょう。作家のレベッカ・ソルニット〔1961年、米国生まれ〕がずばりと言い表しているように、「あまりに多くの人間が完璧というものを信じている。おかげですべてがだいなしになってしまう。完璧を目指すと、そこそこの成果さえ出せなくなるのはもちろん、現実性も、可能性も、そして味わいまでなくなってしまう」のです。

完璧主義に侵されると、最後までものごとを成し遂げられなくなります。それは当然として、さらにタチが悪いのは、何かを始めることさえできなくなってしまうのです。**完璧主義者は、満足いく結果など出せやしないと最初から決めつけ、創意工夫を凝らそうという気にさえならないのです。**

もっとも邪悪な罠は、完璧主義がかぶっている「美徳」という仮面です。たとえば、就職の面接のときに完璧主義が自分の最大のセールスポイントであるとアピールする人がよくいます。創造的な生き方をフルに味わい尽くせないのは完璧主義のせいなのに、それをわざわざ自慢しているのです。完璧主義を、高尚な趣味か洗練された美学だと勘違いして、得意げに見せびらかしている。

私は完璧主義について、こう思います。完璧主義とは、「恐れ」の高級なオートクチュール版。高価な靴とミンクのコートをまとい、優雅なふりをしているけれども、ほんとうはおびえています。キラキラした見かけとは裏腹に、「私はまだ不十分だ、いつまで経っても不十分なのだ」と繰り返す、根深い存在不安にほかならないのです。

完璧主義はとりわけ、女性にとって甘い毒をもった罠となります。私が思うにそれは、女性のほうが男性より、自分自身への要求水準が高いからです。

女性の声や見解が、創造活動の分野においていまだにあまり反映されていないのには、多くの理由が考えられます。女性排除の傾向は、昔ながらの女性蔑視が原因でもありますが、そもそも女性自身が積極的に関与しようとしない、というケースが多すぎるのも現実です。発想があっても、貢献したくても、リーダーシップを取りたくても、才能を生かしたくても、しり込みしがちな女性たち。相変わらず多くの女性が、自分自身と自分の作品が文句のつけようもないほど完璧になるまでは、目立とうとしてはいけないのだと信じ込んでいます。

一方、男性はと言えば、完璧からはほど遠い仕上がりの作品を発表しても、そのせいで文化的なお付き合いから仲間外れにされるということはめったに起こりません！……まあ、それはちょっと言い過ぎかもしれませんが。いずれにしても、私は男性を批判したいわけではありません。不条理なまでの自信過剰、「このタスクにかんしていえば、ぼくの適性度合いは41％か。じゃあやらせてもらおう！」と決めつけるお気楽な態度——私は男性のこういうところが好きなのです。

たしかに、それが滑稽な状況や惨憺たる結果を引き起こすときもあります。ところが、ときにはうまくいってしまうのだから不思議です。まだ未熟でスキルが足りないという印象を与える男が、自信満々でタスクに無謀な挑戦をし、どういうわけかあっという間に成長して能力を発揮する場合があるのです。

女性も、こういう無謀な挑戦をどんどんやってくれさえすればいいのにと思います。しかし、この反対の態度をとる女性のなんと多いことか。聡明で才能豊かな女性クリエイターでさえこう言ってためらいます。「このタスク、99・8%私にはできそうだけれど、あとほんのちょっと足りない部分があるからやめておこう。そのほうが安全だから」。

いったいなぜ女性は、完璧でなければ愛も成功も手に入れられないと思うようになったのか、私には想像もつきません（というのはもちろん冗談です。想像できないわけがありません。社会が女性によこすメッセージがことごとく、「すべてを手に入れたいなら完璧であれ」と私たち女に強いてきたからにほかなりません。まったくご苦労さまです）。

とにかく、女性は自分たちの悪しき習慣を断ち切らなければなりません。そしてこれは、自分で断ち切るしかないのです。**完璧を目指してもそれは、とりかえしのつかない時間の無駄になるだけです。批判されない作品など存在しないからです。**一点の曇りもないものを作ろうとどれほどの時間を費やしても、かならず誰かが欠点を見つけるでしょう（ベートーヴェンの交響曲が、ちょっと騒々しすぎるとのたまう人が今も存在します）。ある程度のところで、作品を仕上げてそのまま発表しましょう。喜びと決意もあらたに次の作品にとりかかるためには、そうするしかないのです。
この点さえつかんでいれば、大抵はうまくやれます。
というより、この点をつかんでいなければ、なにもかもがだめなのです。

正気を保つために創造する

2世紀のローマ皇帝マルクス・アウレリウス〔第16代ローマ皇帝で、五賢帝のひとり。121－180〕の日記は、昔から私のインスピレーション源でした。哲人君主とされた彼の『自省録』は、出版されることを念頭に置いて書かれたものではないけれど、私は彼の言葉に触れることができる幸運に感謝しています。2000年前に生きたこの才気あふれる男が、創造的に、勇敢に、真理を追究して生きるためのモチベーションを維持しようと努力するさまを読むと、こちらまで励まされるのです。

イライラしたり、そんな自分をなだめようとしたりする姿は、驚くほど今の私たちと変わりありません（むしろこれは古今東西変わらぬ人間の性質なのかもしれません）。私たちが毎日対峙しているのと同じ問題に、マルクス・アウレリウスも取り組んでいる様子がよくわかります。私はなぜここにいるのか？　私は何をすべきなのか？　なぜ思うようにできないのか？　与えられた運命にしたがって最善を尽くして生きるにはどうすればよいのか？

とくに気に入っている部分は、マルクス・アウレリウスがみずからの完璧主義を克服して、どのような結果になってもよいと覚悟のうえで執筆を再開するところです。「自然に任せて書くがよい」。そう、彼は自分にあてて書いています。「書くことがあるなら、今すぐ行動に起こすんだ。そしてそれが他人にどう評価されるかは気にするな。プラトン〔古代ギリシャの哲学者。紀元前427－紀元前347〕の『共和国』〔プラトン中期の作品とされている〕並みの傑作を書こうだなんて思うな。少しでも前進できればそれでよしとしようではないか。できあがった作品がどう扱われようと気に留めないようにしよう」。

伝説的な古代ローマ哲学者が、「ぼくはプラトンみたいになれなくてもいいんだ」と自分を力づけなければならなかったところに親しみと励みを感じてしまうのは、きっと私だけではありませんよね。

そうです、マルクス。あなたの言う通り！

ひたすら創造し続けようではありませんか。

中身は何であれ、なにがしかの創造行為を続けていさえすれば、いつか知らない間に偉大で、不滅の、意義深い実りをもたらすかもしれないのです（とにかくマルクス・アウレリウスの『自省録』は、そのようにしてできました）。一方で、そんな実りはないかもしれません。しかし、あなたの天職がものを作ることであるなら、ものを作ってください。あなたが創造性を最大限に生かした人生をまっとうするため、そして、正気を保って生きていくために。

創造的な精神の持ち主であるということは、ボーダーコリーを飼っているようなものだと考えてみてください。世話には大変な手間がかかるし、適切に世話をしないとトラブルが続出する。**創造的な精神に、ふさわしい仕事を与えなければなりません。**さもなければ、ボーダーコリーそっくりの創造的な精神が、自分で勝手に仕事を見つけてきてしまうでしょう。かならずしもあなたが気に入るとは限らない仕事を（ソファをかじったり、リビングの床に穴をあけたり、郵便配達人にかみついたり）。私は何年もかかってこれを学習しました。それでも、積極的に何かを創造していないときの私は、きっと積極的に破壊行為（自分自身、人間関係、心の平和など）に向かってしまうことでしょう。

ソファをかじる羽目に陥らないためにも、生きがいの探求は誰にとっても大切です。それを職業にするかどうかは別にして、日々の雑事と別の次元にある、私たちに課せられたいつもの決まりきった社会的な役割（母親、会社員、お隣さん、兄弟、上司など）と無関係な活動をすべきなのです。年齢、性別、社会経済的背景、義務、障害、そして過去の喪失や大失態。それらをいっときでも忘れるために、何かに没頭するのです。食べることも、トイレに行くことも、芝の手入れも、敵を恨むことも、不安な気持ちであれこれ思い煩うことも忘れるくらい、夢中になれる何かを持たねばなりません。

祈りやコミュニティでの仕事、セックスやエクササイズなどがその例でしょう。薬物乱用などはその最たるものです（恐ろしい結果にはなりますが）。しかし、創造的な生活にも同じような効果があります。創造性の最大のありがたみはここにあります。**つかの間、インスピレーションの魔法のような力にすっかり心を奪われ、自分という存在の恐ろしい重さから一時的にでも解放されるのです。**

何よりすばらしいのは、創造的な試みを終えたあとには、思い出、つまり作品が残るということ。短かったけれども確実に何かを変えてくれたインスピレーションとの出会いを、作品がいつまでも記憶によみがえらせてくれるのです。

私にとっては著作がこれにあたります。書いた本はすべて私の旅路の思い出です。旅のあいだは、私は一時的に何とか（ありがたいことに）自分自身から逃避していられたのです。

創造性と聞くと、人を狂気に走らせるというステレオタイプな連想をする人が相変わらずいますが、私はそうは思いません。創造性を発揮しないときのほうが、人間はおかしくなってしまうものです（「あなた方のうちにあるものを引き出せば、それによって救われるだろう。うちにあるものを引き出さなければ、それがあなたを破滅させるだろう」――

トマスによる福音書）。

だから、あなたのうちにあるものを引き出しましょう。成功だの失敗だのにこだわらずに。作品（旅の思い出）が駄作だろうと傑作だろうと、気にすることはありません。批評家たちに気に入られようが嫌われようが、そもそも批評家たちの目に留まらなくても、あるいは未来永劫目に留まる可能性がなくても、あなたは創造活動を続けるのです。人びとがあなたの作品を理解しようとしまいと、やるのです。

完璧は目指さない。なぜなら、私たちはプラトンではないのだから。

すべては、衝動と冒険と神秘に身を任せるのみ。躊躇せず始めてください。

いつ、どこで始めても大丈夫。できることなら、今すぐ始めてください。

創作に熱心に取り組んでいれば、たまたまあなたの姿を見つけた偉大な力が、あなたのことを捕まえてくれるでしょう。

仕事は熱心に、心は健全に。

誰もあなたのことなど気にしていない

昔、不安でいっぱいだった20代のころの話です。聡明で、自立した、創造的で、パワフルな70代半ばの女性と知り合ったのですが、彼女から人生の知恵ともいうべき最高の言葉をもらいました。

「私たちはみんな、20代や30代のときには何とかして完璧になりたいとがんばるもの。他人にどう思われるかが気になるからね。それが、40代や50代になるとようやく楽になってくる。誰がどう思おうと関係ないんだって思えるようになるから。でも、ほんとうに自由になれるのは60代や70代の仲間入りをしたときね。やっとこの真実を悟って、心が解き放たれるの——どのみち、誰も私のことなんて気にしてはいないんだ、って」

誰もあなたのことなど気にしていません。今までも。そしてこれからも。

たいていの人びとは自分自身のことしか考えていないもの。あなたが何をしているか、あなたがどんなにうまくやっているか、気にかける時間や心のゆとりなど人びとにはありません。みんな、自分の身の回りの出来事を処理していくだけで精一杯だからです。一瞬あなたに注目することもあるでしょう（たとえば、かなり目を引くような成功や失敗を公の場でやったときなど）。でも、人びとの注意はすぐにもとの場所、つまり自分自身へと戻っていきます。

誰からも相手にされていないという考え方には、寂しさやみじめさを感じるかもしれません。しかしこれ、考えようによっては、心がすっきりと解放されたように感じるはず。**自分のことにかまけて忙しい他人は、あなたの一挙一動に口出しする余裕なんてない。つ**

まり、あなたは自由なのです。

自由なのだから、なりたい自分になればいい。

やりたいことは何でもやればいい。

心から夢中になれて生きがいを感じさせてくれる活動を見つけたら、それを掘り下げてください。

創造したいと感じたら、実行に移してください。とんでもなく半端な仕上がりでも大丈夫。ほぼ間違いなく断言できますが、誰もあなたの作品になど気づきはしないでしょう。

これは、すごいことなのです。

うまくなくても、とりあえず完成させたほうがよし

私が最初の小説を最後まで書き終えることができた理由はただひとつ。とんでもなく半端な仕上がりでもいいと決めていたからです。ひどいものを書いていることは自分でもよくわかっていましたが、それでも自分を鼓舞して書き続けました。完成の域にはほど遠いこの作品に、私自身腹が立って仕方なかったのだけれど。

思い出すのは、この小説を書いていた数年間、毎日のように部屋中を歩き回っていたこ

と。そして、ぱっとしない原稿の前に戻り、ひどい作品だけれど書き続ける勇気を奮い起こそうとしていた自分の姿です。私には、16歳のときの誓いがありました。「優れた作家になろうだなんて、世界に向かって誓ったことは一度もない。私が誓ったのはただ、作家になるということだけ！」。

それでも、75ページまで書いたところで、やめてしまいそうになりました。あまりにみじめで書き続けられなかったし、恥ずかしくて我慢できなくなったのです。それでも、恥ずかしい思いを乗り越えることができたのは、机の引き出しに75ページの未完原稿を残したまま絶対死ねないと思ったから。そういう人間になるのはまっぴらでした。世の中は未完成の原稿であふれかえっています。自分が書いたものを地球上の大量の未完原稿のひとつにしたくはありませんでした。だから、どんなにひどい作品だとわかっていても続けるしかなかったのです。

また、母がよく言っていたこのセリフがいつも頭にありました。**「うまくできていなくても、最後までやったほうがまし」**。

子どものころは、この格言を耳にタコができるほど聞かされたものです。それは、母キャロル・ギルバートがいい加減な仕事をする人間だったから、ではありません。事実はむしろ反対で、母は信じられないほど勤勉で有能でした。ただ、何よりも実務的な性格をしていたのです。

1日の時間は限られている。1年の日数は限られている。人生の時間は限られている。だったら、できるだけのことをほどほどの時間内にできるだけ効率よくやり、あとは流れに任せるのみ。皿洗いからクリスマスプレゼントの包装に至るまで、母の指針は「そこそこによくできた作戦を今すぐ思い切って実行するほうが、完璧な作戦を来週まで取っておくよりまし」と言ったジョージ・パットン陸軍大将〔米国陸軍軍人。1885-1945〕のそれと同じでした。

これを私の場合に当てはめると、「そこそこの小説を今すぐ思い切って書くほうが、完璧に練り上げられた小説を未完のままにするよりまし」とでもなるでしょうか。

また母は、最後まで成し遂げたこと自体が成果として称えられる、という基本中の基本を理解していたと見えます。この基本の考え方、めったに言及されることはありません。それは、ものごとを最後まで終える人がめったにいないからです！　あなたの周囲を見渡してみても、実例には事欠かないのではないでしょうか。みんな何でも途中でやめています。意欲的なプロジェクトを真摯な気持ちで始めるけれど、そのうち自信喪失したり、懸念が出てきたり、些事にとらわれたりして窮地に陥り……プロジェクトを途中で放り出してしまうのです。

だから、**何かを最後までやり遂げたあなたは、とにかく最後までやっただけであってもそれだけで他を大きく引き離していることになるのです。**

もしもあなたが完璧な作品を作りたいというなら、私は止めません。でも私は、作品を完成させることのほうを望みます。

努力家の適当主義者に捧げる歌

私は今ここであなたの横に座り、自分の書いた本の1冊1冊、1ページ1ページを検討しながら、うまく書けていない部分をひとつひとつ指摘することができます。お互いにとって絶望的に退屈な午後のひとときとなるでしょうが、やろうと思えばできます。

訂正したり変更したり改善したりして、もっとこだわればよかったのにあきらめてしまった箇所は全部覚えています。複雑な状況をわかりやすく説明する、より洗練された表現が思い浮かばずにやっつけ仕事をしてしまった箇所も全部覚えています。どう動かしたらよいかわからなくなって、殺して片づけた登場人物もすべて覚えています。つじつまの合わない部分やリサーチ不足の描写は満載ですし、どうにか作品にまとめ上げるために、粘着テープや靴ひも的な役割を果たすあらゆる種類の小技を駆使しました。

それらをいちいち挙げていたらキリがないので、代表的な一例をお話しします。最新作の小説、『The Signature of All Things』〔出版は2013年。未邦訳〕のなかにひとり、深く掘り下げずに終わってしまった登場人物がいます。この女性は絶対にどこにもいそうにない人物（私にはどうしてもそう思えます）で、ほとんど小説のプロットの都合上存在しているだけと言っていいキャラクターです。ほんとうは、書きながら自分でもこの人物をよく把握できていませんでした。生き生きとした人物描写が必要なのに、どうすればよいかわからなかったのです。この人物については、適当に逃げ切れたらいいなと思っていました。よくあるごまかしです。誰にも気づかれなければいいだけなのだから。

ところが、まだ原稿の段階で何人かに読んでもらったところ、全員がこのキャラクターの不自然さを指摘してきました。

書き直そうかとも考えました。でも、1キャラクターの設定だけ最初からやり直したところで、はたしてどれほどの成果があるか。無駄骨になるかもしれませんでした。

もうひとつには、この人物の描写を書き直すと、すでに700ページ以上にもなっている原稿にさらに50～70ページは足さなければならなくなる、という状況もありました。作家はある程度のところで読者をおもんぱかり、なるべく無駄な部分を削ってページ数を抑えるものです。

さらに、書き直すのにはリスクもありました。このキャラクターの問題を解決するためには、最初の章から小説全体を構築し直す必要があります。物語の組み立てを一からやり直せば、すでに完成してそこそこよく書けている本をだいなしにするのではないか、そんな危惧の念を覚えました。大工が、建設終了間際になって基礎の部分が少しだけずれているのを発見し、完成した家を解体してもう一度建て直すようなものです。立て直した家の基礎はもちろん、今度こそまっすぐになっているでしょう。でも、最初に建てた家の魅力は失われてしまっているかもしれません。そして、立て直しに要した数カ月という時間が無駄に費やされることになるのです。

私は、書き直しをしないことに決めました。

要するに、4年間休むことなく執筆し、膨大な努力と愛情を捧げた結果できあがったこの作品を、書き直さずともじゅうぶん気に入っていた、ということです。私の建てたこの家は、ゆがみこそあるものの、基本的に壁は丈夫で屋根もきちんとついています。窓もちゃんと開けたり閉めたりできます。いずれにせよ、不格好な家に住むのは私はまったく平気だったのです（私が実際に生まれ育った家にもゆがみがありました。ゆがんだ家というのもそう悪くはないものです）。興趣に富む小説になったし、やや不安定なところにも味がある――そう判断して、そのまま上梓しました。

さて、作者が不完全であると認めたこの小説。世に出たとき、いったい何が起こったでしょうか？

とくに何も、起こりませんでした。

地球は自転を続け、河川は逆流せず、鳥たちも空から落っこちてはきませんでした。好評、酷評、中立的な評など、書評もいろいろありました。『The Signature of All Things』をとても気に入ってくれた人もいれば、そうではない人もいました。台所の流しの修理をしてくれた職人さんが、テーブルの上に置いてあったこの本を一瞥してこう言いました。「奥さん、この本は売れないってわかるよ。タイトルがだめだね」。もっと短い話だったらいいのにという人、もっと長いほうがいいという人。もっとたくさん犬を出して、マスターベーションの場面は減らしたほうがいいという読者。例の、書きされていないキャラクターについて数名の評論家に指摘されましたが、彼女のせいで物語がだめになったと思う人はいなかったようです。

結論はこうです。少しのあいだ、多くの人たちがこの小説についてさまざまに言及しましたが、ほどなくみんなの関心は次へと移りました。人びとは忙しく、何より考えなければならないのはそれぞれの生活だからです。でも、この『The Signature of All Things』を書きながら、私は知的にも感情的にも心躍るような経験をしました。**このときの創造的な冒険で得たものは、永遠に私の宝物です。**私の人生において、なんと満ち足りた4年間だったことか。できあがった小説自体は完璧なものではなかったけれど、私のなかでは最高の作品であると自負しています。そして、書きはじめる前よりもはるかによい作家になれたと信じています。何にも代えがたい体験でした。

しかし、ひとたび作品を完成させたら、私の気持ちは新しいプロジェクトへと向かいます。次の作品もまた、いつの日か、そこそこよい出来で発表されるでしょう。これが私のいつものやり方です。これからも、できる限りずっとそうしていくつもりです。

私のこのやり方は、「仲間」たちへの賛歌です。

いわば、「努力家の適当主義者に捧げる歌」なのです。

創造における成功とはなにか

生計を立てるための仕事と文章修業に勤しんでいた数年間の日々。一定の成果を出せるという保証は決してどこにもないことは、私自身わかってはいました。

それは、望みを果たせないかもしれない――つまり作家として本が出版される日は来ないかもしれない――という覚悟です。芸術分野においては、じゅうぶんな成功を誰もが手に入れられるわけではありません。むしろ稀です。インスピレーションの魔法のような力を信じてはいましたが、同時に私は子どもではありませんでした。望んでいるだけでは手に入らない夢もあるのです。努力が実らないときもあります。才能があっても、役に立たないことがあります。誰もが仰天するようなすごい業界のコネを持っていても、それで夢がかなうとは限らないのです（どのみち私には縁がなかったけれど）。
創造的生活は、ほかの世間一般の仕事以上に一筋縄ではいかないもの。普通のルールは当てはまりません。一般的な業界であれば、もしあなたが何かに長けているうえに勤勉だったら、その分野での成功はほぼ約束されたようなものです。しかし創造性をめぐる活動においては、話はそう簡単ではありません。しばらくのあいだ成功を味わうけれど、2回目はないかもしれない。うやうやしく差し出された報酬をつかんでいるその瞬間、すでに足をすくわれているかもしれない。もてはやされた次の瞬間、時代遅れとみなされているかもしれない。自分よりさえない人たちが、批評家のお気に入りになっているかもしれないのです。

創造における成功をつかさどる守護の女神は、裕福で気まぐれな老婦人のような存在です。かなたに見える丘の上の豪邸に住み、次は誰に運を授けてやろうかと、わけのわからない基準で人選をおこなっています。ときにはエセ芸術家に褒美をやり、真に才能ある者を無視します。一生をかけて彼女に忠実に身を捧げた人びとを切り捨て、たった一度芝刈りのアルバイトをしただけのかわいい男の子にベンツをくれてやったりします。とにかくコロコロと意見を変えます。どういう動機による人選なのか推し量ろうとしても無駄です。すべては人智を超えています。彼女にとって、人びとに理由を説明する義務などないのです。

要するに、創造における成功をつかさどる守護の女神は、あなたのもとにあらわれるかもしれないし、あらわれないかもしれないということ。いちばんいいのはきっと、彼女をあてにしないことです。つまり、あなた個人の幸せの定義を、彼女の気まぐれにゆだねてしまわないことでしょう。

だから、成功の定義を考え直してみればいいのかもしれません。

私の場合は早くから、何よりも創作の仕事だけに専念することを決めていました。私自身の価値をそこに置いたのです。従来的な意味での成功は、3つの要素、つまり「才能」「運」「努力」に左右されるとは知っていました。そして、そのうちのふたつは自分ではどうにもならないものだということも。どれくらいの才能の持ち主であるかは遺伝がランダムに決めてしまうし、運についてはそれこそ運命がランダムに作用するものです。

だから、唯一自分で何とかできるのが努力でした。そう考えると、ひたすら創作に励むしかほかにやりようがありません。手持ちの切り札はこれだけ。だからこそ真剣勝負でした。ただし、覚えておいてほしいのは、いくら努力しても創造の分野では何の保証にもならないということ（創造の分野で、何かを保証してくれるものなど存在しません）。それでも、**一途な努力こそ自分のとるべき道であると信じ続けるのです。**

大好きなことをやってください。真剣に、そして軽やかに。その結果がどうであれ、少なくとも挑戦をした過去の自分を、崇高な道を歩んだ自分を、未来の自分が思い出すことでしょう。

私に、音楽家志望の友人がいます。あるとき彼女は、妹からしごくまともな質問をぶつけられたそうです。「音楽で芽が出なかったらどうするの？　一生夢を追い続けて、一生成功しなかったら？　一生を棒に振ってしまったときに、どんな気がすると思う？」。

友人が妹に対してした返事は、それと同じくらいまともなものでした。「私が音楽によって今どれだけのものを得ているか、わからない？　それなら、説明したって無駄だと思うわ」。

そう。愛さえあれば、何があっても挫折することはないのです。

職業ではなく、天職として創造活動をする

こうしたさまざまな理由（困難さ、先行きの不透明さ）から、私は人びとにはいつも、創造活動を職業選択のひとつと数えないようすすめてきました。この方針は今後も変わりません。というのは、ごく稀な例外を除いては、創造の分野は職業としてはまったく駄目だからです（職業として駄目というのは、「職業」を「適切で安定した経済的な手段」と定義した場合の話。職業の定義としてはまずまず正しいのではないでしょうか）。

芸術分野の仕事でたとえうまくいっているとしても、業務にはつねに嫌なものごとがつきまといます。あなたの本の出版人、画廊のオーナー、バンドのドラマー、撮影カメラマンなど、気の合わない人がいることでしょう。ツアーのスケジュール、しつこいファン、批評家に嫌気がさしているかもしれません。インタビューで何万回も同じ質問をされてうんざりするでしょう。大きな夢がなかなか実現しなくて、つねに自分にいらだちを覚えるでしょう。文句を言おうと思ったら、不平不満はいくらでも出てくるものです。たとえ運命の女神があなたに微笑みかけてくれているようなときでさえ。これはほんとうです。

しかし創造的生活は、すばらしい天職ではありません。愛と勇気と忍耐力が必要不可欠ですが、**天職として創造的生活を送ることが、創造活動に従事するときの唯一の健全なありかたではないか**と思います。創造活動が楽だなんて聞いたことはないし、それが不安定であることも、創造的生活を送ろうと決めたときからすでに承知済みのはずです。

たとえば、インターネットとデジタル技術が創造表現の世界をひどく変えてしまったと、最近では誰しもがパニック状態に陥っています。この不安定な時代を生きていくアーティストにできる仕事や稼げるお金はあるのだろうかと、気を揉んでいるのです。でも言わせてください。ネットやデジタル技術が出現するずっと以前から、芸術は駄目な職業でした。１９８９年当時、誰も私に「金儲けしたい？　やるなら作家だよ！」なんて言いませんでした。１８８９年当時も、１７８９年当時も、そんな話はなかったでしょうし、

2089年になってもそれは変わらないでしょう。

それでも、作家になろうとする人はいつの時代にもいます。なぜなら、それが尊い天職だから。画家、彫刻家、音楽家、俳優、詩人、映画監督、キルト作家、編み物作家、陶工、ガラス職人、金属加工職人、陶芸家、書家、コラージュ作家、ネイルアーティスト、クロッグダンサー〔クロッグダンスは木靴の踊り〕、ケルティックハーピスト。どれもすべて天職です。冷静な忠告に耳も貸さず、大義名分もないのに、人びとはこだわり抜いて美しいものを作り上げようとしてきました。そして、これからもきっとそうすることでしょう。

たしかに、この道を行けば、ときには困難なことも起こります。

でも、ワクワクするような人生を送りたいなら、この道をおいてほかにはありません。誓って言います。創造活動につきものの困難や障害に苦しめられるかどうかは、ひとえにあなた次第なのです。

ある短編に起こった偶然の出来事

ここでお話ししたいのは、粘り強さと忍耐についてのエピソードです。

20代のとき、私は『ヘラジカの鳴きまね』という短編小説を書きました。この話は、私がワイオミング州の牧場で料理人として働いていたときの体験を下敷きにしています。ある晩、カウボーイ数名と一緒にビールを飲みながら遅くまでバカ話をしていました。彼らはみな猟師でもあったので、そのうち話題はヘラジカの鳴きまねへと移りました。なんでも、ヘラジカをおびき寄せるためにオスの交尾期の鳴き声を真似するさまざまなテクニックがあるのだとか。そして、カウボーイのひとりであるハンクは、最近ヘラジカの鳴きまねの録音テープを買ったといいます。そのテープとは、ヘラジカ猟史上最高の鳴きまねマスター、その名もラリー・D・ジョーンズ〔米国の狩猟家。生年月日不詳。１９６０年高校卒業以来狩猟家として活躍〕（私は彼の名前を決して忘れないでしょう）が製作したものでした。

おそらくビールのせいでしょう。なぜだかそのとき私は、こんなに笑える話は聞いたことがないと思いました。この世界のどこかにラリー・D・ジョーンズという名前の人物がいて、ヘラジカの交尾期の鳴き声を真似した録音テープを販売して生きているなんて最高じゃないか。しかも、友人ハンクのように、この録音テープを買って鳴きまねの練習をする人がいるというのも最高だ。

私はハンクに、ラリー・D・ジョーンズのテープを持って来てくれとせがみました。そして、何度も再生させては頭がクラクラするまで笑い続けました。私が死ぬほどおかしいと思ったのは、ヘラジカの鳴きまねの音（鼓膜を切り刻むような、発泡スチロールをこすり合わせたときのような甲高い音）だけではありません。ラリー・D・ジョーンズが、実直そうな鼻声訛りで鳴き声の正しい出し方についてえんえんと話し続けるのが、すっかり気に入ってしまいました。これこそ最高のコメディじゃないか、と。

そしてなぜか（これもまたビールの力が大きかったのでしょう）、ハンクと一緒に鳴きまねテープをじっさいに試してみようと思いついたのです。ラジカセとラリー・D・ジョーンズのテープを持って、夜更けの森のなかに入ったらどうなるか、と。

というわけで、やってしまいました。すっかりできあがっていた私たちは、大声でふざけながら、ワイオミングの山中を駆けずり回りました。ハンクはボリュームを最大限に上げたラジカセを肩に担ぎ、私は発情中のヘラジカの鳴きまねが、ときどきラリー・D・ジョーンズの鼻声に中断されながらあたりをつんざく大音量で流れるのを聞いて笑い転げました。

この時点では、大自然のなかにいることを完全に忘れていた私たちですが、いつかは大自然がこちらを見つけてしまうもの。突然、ひづめのとどろきが聞こえ（そのとき初めてひづめのとどろきというものを聞きました。ゾッとするような音です）、木々の枝が砕ける音がしました。そして、今まで見たこともないような巨大なヘラジカが、私たちのいた森のなかの空き地に乱入し、月の光を浴びてすっくと立っていました。私たちからはほんの数メートルしか離れていない場所で、鼻息荒く地面をひっかきながら、枝角の生えた頭を怒りで震わせています。オレの縄張りで、あんな鳴き声を出す厚かましいヤツはどこのどいつだ？

ラリー・D・ジョーンズをおもしろがっていた気持ちがいきなり冷めたことは言うまでもありません。

そのときのハンクと私ほど、酔いから急速に醒めた人間もいないことでしょう。いくら私たちがふざけていたと言っても、この300キロ以上もある野獣におふざけはまったく通用しません。ヘラジカは見るからに戦う気満々でした。気軽で無害な降霊会を催していたら、思いがけず本気で危険な霊を呼び寄せてしまったようなもの。私たちがもてあそんでいたのは、おそれ多い、触れてはならないパワーだったのです。

私のとっさのリアクションは、ヘラジカの前にひれ伏して許しを乞うことでした。ハンクのリアクションはもっと賢く、まるで爆発寸前であるかのようにラジカセを思いっきり遠くへと放り投げました（リアルなこの森のなかに持ち込んだニセの鳴き声から、とにかくできるだけ遠くに離れるためです）。

私たちは大きな石の陰に縮こまって隠れました。大量の白い息を吐きだし、ひづめで地面の土を激しくかきながら、怒り狂ってライバルを探しているヘラジカを、驚いた表情そのまま、ただただ見つめていました。神の顔を見た人間は大変な恐怖を感じると言われていますが、この堂々たる生き物からはまさに同じ種類の恐れを感じました。

ヘラジカがようやくその場を離れると、ハンクと私は静々と牧場に戻りました。厳粛な気持ちと、冷めやらぬ衝撃、そして死すべき存在としての自分自身をつよく感じながら。「畏怖」という言葉のほんとうの意味を知ったのはこのときでした。

私はこの体験を書くことにしました。出来事をそのまま書くわけではありませんが、あの感覚（「未熟な人間が、神聖な自然界の前にひれ伏している」）をうまくとらえて下敷きにし、人間と自然とのかかわりについての厳粛で強烈な物語をつくろうとしたのです。

私自身の感動的な体験をもとに架空のキャラクターを設定して、短い小説が書ければいいなと考えました。そうして、きちんとした話に仕上げるまでに、つまり、当時の私の年齢と能力で可能な限りのまともな物語にまとめ上げるまでには、何カ月もかかりました。書き上げた作品のタイトルは『ヘラジカの鳴きまね』。そして、どこかに原稿が売れるといいなと願いつつ、出版社に送りはじめたのです。

『ヘラジカの鳴きまね』を送った雑誌のうちのひとつは、今はなきかの有名なフィクション専門誌『ストーリー』でした。チーヴァー、コールドウェル、サリンジャー、ヘラーなど、私の崇拝する作家の多くが何十年にもわたって作品を掲載してきた雑誌です。その末席に連なることを、当時の私は夢見ていました。

数週間後に郵便受けに入っていた手紙は、もちろん不採用通知でした。ところが、同じ不採用でも、その内容が今までとは違っていたのです。

断りの手紙と一口に言っても、内容はじつにさまざまです。「ノー」にもいろいろな種類があります。定型文をそのまま送ってよこす以外にも、お決まりの断りの文句の最後に手書きで個人的なメッセージが添えられている場合もあります。たとえば「興味深い作品ですが、弊社向けではありません」など。そうしてわずかでも編集者から注目されたと思うだけで、私はじゅうぶん有頂天になることができます。若いころの私は、こんなにすごい不採用通知をもらったことなんてない！と毎回息せき切って友人たちに報告し、みんなに「またか」と思われていたものでした。

でも、このときの『ストーリー』誌からの断りの手紙は、同誌の名高い編集長であるロイス・ローゼンタール〔米国の編集者・芸術支援者。１９３９－２０１４〕直々のものだったのです。

彼女の返事は思慮深く、励まされる内容でした。ローゼンタール女史は、私の作品を気に入ったと書いてくれていました。彼女は、人間よりも動物についての話のほうが好きなのだそうです。ただ、この作品はエンディングのツメが甘いので、最終的に出版することはできないだろう、とのこと。そして、今後の健闘を祈ります、と結んでありました。

出版経験のない作家にとって、こんなに好意的な、しかも編集長みずからの不採用通知を受け取るということは、ほとんどピュリッツァー賞に匹敵する栄誉です。私は幸せに目がくらみそうでした。こんなにうれしい不採用通知を受けとったことは今までただの一度もない、と。

それから私は、当時いつもやっていたように、返却されてきた小説の原稿を返信用封筒から取り出し、別の出版社に送りました。どうせまた送り返されるだけだろうけれど、もっと素敵な不採用通知が添付されてくるかもしれない。ともかく、これが私のルールでした。決して振り返らず、ひたすら前進あるのみ。


数年後、私は相変わらず生活費を稼ぐ仕事と執筆活動を続けていました。このころ、『ヘラジカの鳴きまね』とは別の、ある小説が本になるという幸運に恵まれ、おかげでプロの文芸エージェントがついてくれるようになりました。このときから、エージェントのセイラが私に変わって作品を出版社に送ってくれるようになったのです（つまり、もうコピー取りしなくてもすむということ！　エージェントのオフィスにはコピー機がありますから）。

そうして彼女が担当になってくれてから数カ月たったある日のこと。うっとりするような知らせを電話で受け取りました。ずっと前に書いた『ヘラジカの鳴きまね』が、なんと出版される運びになったというのです。

「まあ素敵！　どこの出版社が買ってくれたの？」私はセイラにたずねました。

「『ストーリー』よ。ロイス・ローゼンタールが気に入ってくれたの」

それは、それは。

おもしろいこともあるものですね。

数日後、ロイスと直接電話で話す機会がありました。彼女は、このうえない優しさを兼ね備えた人物でした。『ヘラジカの鳴きまね』は非常に完成度が高くて、本になるのが待ち遠しい、とさえ言ってくれました。

「エンディングもよかったのでしょうか？」

「もちろんですとも。あのエンディング、私はとても気に入っているのよ」

彼女と話しているあいだじゅう、私は数年前に本人から受け取った、同じ『ヘラジカの鳴きまね』の不採用通知を握りしめていました。ロイスはあきらかに、以前この作品を読んだことがあるのを忘れているようでした。私もあえて、そのことには触れませんでした。彼女に作品を高く評価してもらえてとてもうれしかったし、余計なことを指摘して、敬意のない、ふてくされた、恩知らずな人間だとは思われたくなかったからです。

ただ、好奇心を抑えることができなかったので、このように聞いてみました。「この小説のどんなところを気に入っていただけたのでしょう？　もし差し支えなければ教えてください」。

するとロイスはこう答えました。「揺り起こしてくれるような、神話の世界にいるような気持ちになるのよ。どこかで読んだものを思い出させるような気がするのだけれど、それが何なのかはわからないの」。

私はすんでのところで言葉を飲み込みました。「それ、まさにこの作品なんです」。

思いがけないチャンスとの邂逅

このエピソード、どう解釈すればいいのでしょうか。シニカルな見方をすれば、「世界が根深い不公平に支配されていることの、ゆるぎない証拠である」などと言うことはできるかもしれません。

なぜなら、実際に起きたことといえば次の通りだからです。ロイス・ローゼンタールは、無名の人間から送られてきた『ヘラジカの鳴きまね』は不採用にしておきながら、同じ作品が有名文芸エージェントから届くと、一転して出版したいと申し出てきた。よって、重要なのは作品の中身ではなく顔の広さである。才能なんて関係がなく、コネがあるかどうかがすべて。芸術の世界とはいえ、この広い世界と何ら変わらない、せちがらく不公平な世界なのだ、と。

そう解釈したいなら、それもいいでしょう。

でも、私はそうは思いません。それどころか、このエピソードも「ビッグ・マジック」

のひとつの例、しかも「ビッグ・マジック」の持つ機知をまたも示した好例だとすら思いたいのです。決してあきらめてはならない。**「ノー」はかならずしも絶対的な却下ではない。何度でも挑戦する人間には運命が奇跡のように味方してくれるときが来る。**このエピソードは、そう、証明しています。

しかも1990年代初頭、ロイス・ローゼンタールがいったい1日に何作の短編を読んでいたか、考えてもみてください（いちど、雑誌の編集部で持ち込み原稿の山を見たことがありますが、天井まで積み上げられた茶封筒のタワーは想像を絶する光景です）。私たちは誰もが、自分の作品は唯一無二で忘れられない印象を残すものだと思いがちだけれど、ある程度のレベルより下はドングリの背比べです。たとえそれが動物をテーマにした作品であっても。

そのうえ、1回目に『ヘラジカの鳴きまね』を読んだときのローゼンタールの精神状態を推し量ることも、私たちにはできません。長い1日の終わりに読んだのかもしれないし、同僚と意見が衝突したあとだったかもしれない。あるいは、親戚の誰かをいやいや空港まで迎えに行く直前だったかもしれない。そしてもちろん、2回目に読んだときのご機嫌がどうだったかもわかりません。リフレッシュした休暇明けだったのかもしれないし、大切な人からガンの疑いが消えた、といううれしい知らせを受けたあとだったかもしれない。意思決定なんて、案外そんなものなのです。

ただ、ロイス・ローゼンタールに2回目に読まれたとき、私の小説は彼女の心の琴線に触れ、美しい音色を奏でた。そのことは真実でしょう。そして、この響きは彼女の心のなかにしか生まれません。なぜならそれは、数年前に初めて原稿を送ったときに私が彼女の心に植えつけたものだからです。さらに言えば、最初に断りの手紙を受け取ったときに私が試合放棄しなかったからこそ、この響きは生まれたのです。

このとき、私はもうひとつのことを学びました。それは、私の夢の実現の前に立ちはだかる人たちは、機械仕掛けの人形などではなく、私たちと同じ普通の人間なのだということ。だから、気まぐれでとっぴなことをするし、日によって言動も微妙に違ってくることもある。私やあなたと同じです。どんな人に対しても、こうすればかならず心をつかめるという確実な方法は存在しません。

タイミングについても同様です。相手にとってちょうどよい時期にコンタクトしなければ、うまくはいかないものです。タイミングを読むことは不可能だから、チャンスをつかむ可能性を広げるしかありません。そして、その可能性に賭け続けるのです。何があっても前を向いて突き進み、何度でもやり直せばよいのです。

努力のしがいはあります。なぜなら、**あるときとうとうチャンスをつかんだときの気持ちは、この世のものとは思えない最上の喜びだからです。**そしてこれこそが、真っ正直に創造的な人生を送っているときの手ごたえにほかなりません。挑戦に挑戦を重ねても、まるで成果が出ない。それでも挑戦し続け、模索し続ける。すると突然、ほんとうに思いがけない時と場所を選んで、チャンスはあなたのもとを訪れます。チャンスとの邂逅です。どこからともなく、すべてがお膳立てされた状態で、チャンスはあなたのもとへとやって来ます。

芸術作品を作っていると、降霊会を催しているような、あるいは夜中に野生動物をそっと呼び出しているような気分になるときがあります。それは、ひどく難しく、ばかげているとさえ感じられるかもしれない作業です。でもあるとき、ひづめのとどろく音が聞こえてきて、美しい獣があなたを探して空き地に躍り出てきます。あなたが獣を探していたのと同じくらい必死になって。

だから、挑戦を続けてください。深い森の中で、あなた自身の「ビッグ・マジック」を、ひたすら呼び続けてください。けっして倦むことなく、真剣に、いつの日かあの創造的交歓との神聖な出会いを経験できることをつよく願いながら。

「ビッグ・マジック」があらわれるときの、あの驚きの気持ちを味わってください。そんなときの私たちは、ただ感謝の気持ちを持ってひれ伏すことしかできません。まるで、神聖な力と接触する機会を与えられた特別な人間のように。

そう。そのときあなたは、特別な人間になるのです。

辛抱強くやるべきとき

何年も前のこと。叔父のニックが、ワシントンD.C.の書店で開催された高名な米国作家のリチャード・フォード〔1944年生まれ。1995年ピュリッツァー賞受賞〕のトークショーに行ったことがあります。朗読のあとの質疑応答で、聴衆のなかからひとりの中年男性が立ち上がり、次のような質問をしたそうです。

「フォード先生、あなたと私には多くの共通点があります。あなたのように私も、長いあいだずっと長編や短編の小説を書いてきました。同年代ですし、生まれ育った環境も似ています。作品のテーマも似通っています。ただひとつ違うのは、あなたは有名な文学者となり、私は何十年の努力にもかかわらず、一冊も本を出せなかったということです。そう考えると、とても落ち込んでしまうんです。作品をつき返され、自分に失望し、心が張り裂けそうになります。こんな私にアドバイスをいただけますでしょうか。でも、フォード先生、お願いですから、『辛抱強くやれ』とだけはおっしゃらないでください。といいますのも、誰もがみな私に『辛抱強くやれ』しか言わないからです。それを聞くとさらに落ち込みます」

私はその場にはいなかったし、リチャード・フォードを個人的に知っているわけでもありません。でも、描写の上手な叔父が再現するところによると、フォードはこんなふうに答えたのだそうです。「ずっと失望されてきたのですね。とてもお気の毒に思います。大丈夫、私は辛抱強くやれなどと簡単に言ってあなたを侮辱するつもりはありません。何年間も作品が不採用になった挙句に、そんな忠告をされるのはどれほどつらいことか、私には想像すらできない。だから、私のアドバイスはまったく別です。驚かせてしまうかもしれませんが……書くのをおやめになってはどうでしょうか」。

フォードのこの言葉に、聴衆は凍りつきました。これが激励の言葉なの？

フォードはこう続けたそうです。「私がこう申し上げたのはただ、あなたにとって文章創作があきらかに喜びではないからです。苦痛でしかない。短い人生、楽しまなければ損です。本を出すという夢はあきらめて、ほかのことをして人生を過ごしてみてはいかがでしょう。旅行や新しい趣味、ご家族やお友だちと過ごす時間や、リラックスする時間を持ってもいいでしょう。でも執筆はやめてください。あなたを蝕むだけです」。

長い沈黙。

そして、フォードは微笑んでおもむろに口を開き、ふとあとから思いついたかのように、こう言いました。「でも、こうも言うことができます。書くのをやめて数年後、書くこと以上に自分を魅了し刺激してくれるものはない、とふたたび気づいたなら……そのときには、こうアドバイスするしかありません。辛抱強くやるしかない、と」。

Chapter 5

好奇心を信じ続ける

自然からの働きかけを感じて生きる

友人のロビン・ウォール・キマラー博士は著作もある植物学者で、ニューヨークのシラキューズにあるニューヨーク州立大学環境科学林学校で環境生物学を教えています。学生はみな、使命感に燃えた若き環境活動家ばかり。ひたむきな彼らは、世界を救いたいと切に願っています。

しかし、世界を救うという大問題を論じる前に、ロビンはふたつの質問を学生たちにしてみるそうです。

最初の質問。「あなたは自然を愛していますか？」。

全員が手を挙げます。

次の質問。「あなたは自然に愛されていると思いますか？」。

全員の手が下ろされます。

これを見たロビンは言います。「地球を救う前に、この問題がありましたね」。

彼女によれば、地球を守ろうとまじめに取り組む若者たちが、生命の星地球にとって自分たちは意味のない存在だと信じ込んでいる状況、これこそが問題なのだそうです。彼らは、人間は与えられたものをただ消費しているだけであり、生きているだけで地球を破壊している（私たちはただひたすら奪うばかりで、自然のために何もしていない）、と思っているのです。たまたまこの地球上にいるにすぎない人間など、自然にとってはどうでもよい存在なのだ、と。

　言うまでもなく、古代人たちのものの見方はこれとは違っていました。私たちの先祖はつねに、周囲の環境と感覚的に交流しながら、日々の活動に勤しんでいました。「母なる自然」から恵みを受けているときもあれば、罰を与えられていると感じるときもある。大昔の人間はいつでも、「母なる自然」と少なくとも対話はしていたのです。

　現代人が失っているのはこの「対話」という感覚である、とロビンは考えています。**人間から地球に働きかけているのと同じように、地球だって人間に働きかけている。なのに私たちは、それを感じ取れなくなっているのです。**

　それどころか現代人は、人間は自然に完全に無視されている、とさえ教え込まれています。自然には元来感覚など備わっていない、という思い込みのせいかもしれません。これは、交流の可能性を頭から否定する、ある種病的な発想だとも言えます（人間を罰する「母なる自然」のほうが、人間を無視する「母なる自然」よりましです。少なくとも怒りには何らかのエネルギーの交流が見られるから）。

　自然との関係を肌で感じられなければ、とても大切なものを見失うだろう、とロビンは学生たちに警告しています。生命の共同創造者になる可能性を、私たちは逃してしまうかもしれないのです。ロビンはこう言います。「地球と人間のあいだにある愛は、創造的なものを贈りあうことで初めて成立します。地球は私たちに無関心なのではありません。それどころか、私たちからのお返しを待ちわびているのです。生命も創造性も、本来は双方向的なものです」。

これをより平たく言い換えれば、次のように言えるでしょう。自然は種子を生み出し、人はそのための庭を提供し、お互いの協力に感謝しあう関係を築いているのだ、と。

こう主張するロビンの授業では、地球を救う方法を教える前に、まず地球に生きる自分自身に対する認識を改めてもらうのだそうです。私たち人間にはこの世界に存在する権利があるのだと（本書で先述した「安心しきったずうずうしさ」を覚えていますか？）、学生たちに納得してもらうのです。彼らがこよなく愛し讃えている、生命の源である地球や自然からもまた、愛すべきなにかを受け取ることはできる、ということも。

地球を守ろうとするなら、これ以外に方法はありません。

これ以外に、地球も学生たちも、そしてあらゆる人間を幸せにする方法などないのです。

史上最低のガールフレンド

ロビンの考え方に触発されて、私も作家志望の若い人たちに同じような質問をしょっちゅうしています。

「あなたは書くことが好きですか？」

もちろん好きに決まっています——何を今さら。

次の質問はこうです。「あなたは書くことに愛されていると思いますか？」。

この人、頭は大丈夫かな……そんな顔をして、相手は私を見つめます。

そして彼らはいつも、当然のように「いいえ、愛されているわけがないでしょう」と答えます。ほとんどの若者が、自分は書くことにそっぽを向かれていると訴えます。たとえ創造性との交流を感じるときがあっても、それはかなり不健全な関係なのだそうです。頭は混乱するし、ひどく苦しむし、そのうちどう書けばよいかわからなくなる。若い作家たちの多くが、書くことはあきらかに自分を嫌っている、と主張します。執筆は、まるで何かの罰のようで、人格破綻に追い込まれそうになる……そう、書くことは、徹底的に人を叩きのめすのです。

知り合いの若手作家は執筆作業をこう表現します。「ぼくにとって執筆とは、高校によくいる、性格は悪いけれど顔はかわいい女の子みたいなものです。憧れの彼女に、ぼくは利用されて翻弄されるだけ。彼女がどれだけ嫌な女で、永遠に縁を切ったほうがいいと頭ではわかっているのに、いつもふらふらと引き寄せられてしまうんです。やっとぼくのガールフレンドになってくれたと思ったら、アメフト部の主将の男と手をつないで登校してくる。ぼくのことなんか顔も知らないというふりをしてね。ぼくはトイレに鍵をかけてこもり、泣くしかないんです。だからぼくにとって書くことは、悪魔のようなものです」。

「それなら、あなたはどんな仕事がしたいの？」と私。

「作家です」

苦悩を愛する作家たち

これがどれだけゆがんだ精神状態か、だんだんわかってきたでしょうか？

作家志望の若者だけではありません。大御所作家でさえ、自分たちの仕事についてまったく同じような暗い話をします（これを若手作家が受け継いでいるというわけです）。たとえばノーマン・メイラー〔米国の作家。1923−2007〕は、本を出すたびに自分の一部が壊死していったと語りました。またフィリップ・ロス〔米国の作家。1933年生まれ〕は、長く苦しい作家生活を振り返り、執筆は中世の拷問並みの苦痛だったと、幾度となく述べています。そしてオスカー・ワイルド〔アイルランド出身の詩人。１８５４－１９００〕は、芸術家の生活とは「緩慢で、素敵な自殺行為」であると言いました（私はワイルドが大好きですが、自殺を素敵な行為だとは思えません。それに、以上に挙げた苦悩のどれひとつ、素敵なものなんてありません）。

この意識は作家の専売特許ではありません。視覚芸術の世界でも同じです。画家のフランシス・ベーコン〔アイルランド出身。１９０９－１９９２〕は、「絶望と不幸は、芸術家にとって、幸福感よりも役に立つ。絶望と不幸は感受性を研ぎ澄ますからだ」と言いました。俳優も、ダンサーも、音楽家ももちろん同じ考えでしょう。ルーファス・ウェインライト〔米国のシンガーソングライター。１９７３年生まれ〕は、誰かと幸せな家庭を築くことには恐怖さえ感じると告白しています。もつれた色恋沙汰が引き起こす愛憎劇がなければ、自分の音楽に絶対不可欠な「あの苦しみの暗い湖」へ近づくことができなくなってしまうのではないかと心配になるのだそうです。

詩人については言うまでもありませんね。

駆け出しの若者から名を成した大家に至るまで、創造性について語るときの昨今の言葉はみな、痛みと不幸と反社会性にまみれています。数えきれないほどのアーティストが、身も心もひとりぼっちのままで懸命に仕事に励んでいます。ほかの人間との交流はおろか、創造性の源との交流さえありません。

もっとひどいのは、アーティストとその作品の関係には、しばしば精神的な暴力が介在するということです。何かを作りたいなら、自分の血管を切り裂いて血を流せと教えられます。作品の推敲をするときには、自分の大切な作品を葬り去れと指示されます。作家に、今書いている本の状況をたずねてごらんなさい。相手はこう答えるでしょう。「今週、やっとこいつの背骨をへし折ってやったよ」。

まるで、よい1週間だったかのような口ぶりで。

精神的な苦痛は必要か？

最近私がもっとも注目している新人作家のひとりに、ケイティ・アーノルド＝ラトリフ〔米国の作家・雑誌編集者〕という、若くて聡明な女性がいます。素晴らしい作品を書くケイティですが、じつは何年も書けない状態が続いたことがあるのだそうです。原因は、創作講座の教授のこの一言。「書いているときに精神的な苦痛を感じていなければ、価値あるものは決して生み出せないだろう」。

教授が言わんとしたことは、ある程度までは理解できます。「創作の可能性の限界に挑戦することを恐れるな」とか、「書いているときに心地悪さを感じるかもしれないが、そこから逃げてはいけない」というのが教授の意図だったとすれば、文句なく妥当な見解だと思います。しかし、**精神的な落ち込みの状態になければ価値ある芸術作品は絶対に生み出せないなどと教えようとしていたなら、間違っているだけでなく、どこか病んでいると言わざるをえないでしょう。**

ところが、ケイティはこの言葉を文字通りに受けとめてしまいました。教授への尊敬と恭順の気持ちから、彼女はこの言葉を心に刻み込み、もし自分の創造のプロセスが大きな痛みをもたらさないのなら、そのプロセスは間違っている、という考え方をそのまま受け入れたのです。

血のないところに栄光なし、ということでしょうか？

そのころ温めていた小説のアイデアにワクワクしていたケイティは、すっかり困ってしまいました。書こうとしている物語は、おしゃれで捻りが利いていて、かなり風変りなものだったので、執筆を心から楽しめそうでした。そして実際執筆があまりに楽しいので、ケイティは罪悪感を抱きはじめました。書くのがおもしろい作品には芸術的価値がないだろうというのが、教授の教えだったのだから。

結果的に彼女は、このおしゃれで捻りの利いた小説の執筆を何年にもわたって延期することになりました。楽しい執筆活動なんて本物じゃないと思ったからです。幸い、最終的にケイティはこの心のバリアを破り、小説を書き上げることに成功しました。執筆はかならずしも楽ではありませんでしたが、とても心躍る経験でした。

そして彼女は、小説を見事な作品に仕上げたのです。

しかし、インスピレーションを与えてくれた創造性を何年間も待たせたというのは、実にもったいない話です。しかもその理由が、たんに作品が彼女をみじめな気持ちにしてくれなかったからだなんて！

そうなんです。

好きで選んだ天職だというのに、楽しみながらやるなんてけしからん、という考えがいまだに根強く存在するのです。

苦痛を経験せよという間違った教え

悲しいことに、ケイティのようなケースはけっして珍しくはありません。

創造の喜びに不信感を抱き、苦労にだけ価値を見出すよう教え込まれてきた人たちが、創造の分野にはあまりに多すぎます。**苦悩しなければ真の精神的体験とは呼べないと思い込んでいるアーティストが、いまだになんと多いことか。**

この暗い発想の起源はいたるところにあります。苦悶の効用を過信しているキリスト教的犠牲行為や、ドイツロマン主義から受け継がれてきた深刻な感情。それらが、今や西洋世界における通念となっているのです。

しかし、苦しみだけが頼りの創造活動には危険がつきまといます。苦悩がアーティストの死因のひとつであることは有名です。死、とまではいかなくても、苦痛への中毒を抱えてひどい精神錯乱に陥ったアーティストが活動の全面停止を余儀なくされる、という話も聞きます（うちの冷蔵庫のお気に入りのマグネットに書いてある言葉は、「じゅうぶん苦しんだ。で、いい作品はいつできる？」）。

あなたも、ダークな部分こそ芸術活動の本質だと教わってきたかもしれません。

あなたが敬愛する芸術家が、芸術活動は陰鬱であるべきだとあなたに教えたのかもしれません。私もそうでした。高校生のとき、大好きな英語の先生にこう言われました。「きみには才能があると思うよ。でも、芽は出ないだろうね。残念だけど。きみは人生というものにじゅうぶん苦しんでいないからね」。

なんてひねくれたものの言い方！

だいいち、中年男に10代の女の子の苦しみの何がわかるというのでしょう？　彼が今までの人生で味わったことのないようなひどい苦しみを、今日の昼休みに私は経験していたかもしれないのに。

それに、いつから創造性は苦悩の深さの競い合いになってしまったのでしょう？

私は、英語の先生にとても憧れていました。もし私が彼の言葉を真に受けて、苦難をしっかりと経験するためにバイロン〔ジョージ・ゴードン・バイロン。イギリスのロマン主義詩人。１７８８－１８２４〕風の陰鬱な創作の道を目指していたとしたら、どうなっていたでしょう。

本能的に私は、反対方面へと向かっていました。光や、遊び心に満ちた世界へ。創造性を全面的に信じながら創作表現をする道へ。でも、私は運がよかっただけです。多くのクリエイターたちが、「暗黒の聖戦」を続けています。わざわざその道を選ぶ人もいます。「尊敬するミュージシャンはみんなヤク中だったよ。だから真似しただけ」。そう語るのは大好きな友人で、才能豊かなシンガーソングライターであるラヤ・エリアス〔シリア出身。１９６０年生まれ。２０１６年より作者のパートナー〕です。彼女は10年以上ヘロイン中毒に苦しみ、刑務所や路上や精神病院暮らしを経験しています。そして、音楽活動は全面的にやめてしまったのです。

自己破滅を、真摯な創造活動と勘違いしてしまったアーティストは、ラヤだけではありません。ジャズ・サックス奏者のジャッキー・マクリーン〔１９３１－２００６〕は、１９５０年代のグリニッジ・ヴィレッジの音楽シーンについてこう語っています。「駆け出しミュージシャンの多くが、崇拝するサックス奏者のチャーリー・パーカー〔１９２０－１９５５〕を真似してヘロインをやっていた。しかも、ヘロイン中毒者のふり（目は半開き、姿勢は前かがみ）をするジャズ音楽家志望者まで増えてくる始末。パーカー本人が彼らに、頼むから自分のいちばんみじめな姿を真似しないでくれと言うほどだった」。ヘロインをやったり、うっとりとヘロインをやるふりをしたりするほうが、作品に没頭するよりも手っ取り早いのかもしれません。

でも、**中毒者はアーティストにはなれません。**レイモンド・カーヴァー〔米国の小説家。1938－1988〕は、この真実を身をもって理解していた人物のひとりです。彼自身はアルコール中毒者で、飲酒をやめるまで、持っている才能にふさわしい作家にはなれませんでした。アルコールを題材にした作品すらまともに書けませんでした。「アル中のアーティストは、アル中であるにもかかわらずアーティストになれた、と表現するのが正解だ。アル中だったからなれたのではない」。

その通りだと思います。アスファルトの割れ目から生えてくる道端の雑草のように、創造性は、病的状態の合間に生まれるのであって、病的状態そのものからは生まれてきません。しかし、その反対を真実だと思っている人間のあまりに多いこと。苦痛や中毒や心の闇に、わざわざすがりつくアーティストをよく見るのはそのせいです。彼らは、苦悩を手放してしまったらアイデンティティまで失われてしまうといわんばかり。リルケ〔ライナー・マリア・リルケ。オーストリアの詩人。1875－1926〕の有名な言葉があります。「私のなかに棲む悪魔が出ていってしまったら、天使まで逃げていってしまう」。

リルケは高名な詩人です。そしてこの彼の言葉はとてもエレガントな響きを持っています。しかし、この言葉から彼の精神状態を考えてみると、それがひどくゆがんだものであることがわかります。

残念ながら、創造系の仕事をしている人たちがリルケのこの言葉を言いわけとして引用しているのを、私は何度聞いたかわかりません。飲酒をやめないのも、セラピストにかからないのも、鬱や不安障害などの治療を受けないのも、性的放縦やセックス問題に向き合わないのも、心の癒しや成長をすべてはなから拒否するのも、全部リルケのせい。苦しみを手放したくないからです。苦しみと創造性とを混同してしまっているからです。

奇妙なことに、人びとは心に棲む悪魔に頼りがちなのです。

苦しみに依存せず創造的な生活を送る

ここではっきりさせたいのは、私は苦しみという現実から目を背けているわけではないということ。あなたや私の、そして人類全体の苦しみを否定したいわけではありません。ただ、**苦しみをやみくもに崇拝することはできない**、と言いたいのです。芸術としての正当性を証明するためにわざわざ苦しみを追求する、などというような姿勢は、私はきっぱりと拒否します。ウェンデル・ベリー〔米国の作家・詩人・環境活動家。1934年生まれ〕もこう警告しています。

「芸術の女神《ミューズ》のせいで苦痛から離れられないと言いだしたらそれは、苦痛依存症になりかけている証拠だ」。

たしかに、「苦悩するアーティスト」はわかりやすいイメージです。創造的な人間のなかには、重度の精神病に侵されている場合も少なくないでしょう（でも、重度の精神病患者で、傑出した芸術的才能を持ち合わせていない人だってごまんと存在します。だから、天才と狂気は紙一重だとひとくくりに言ってしまうのは論理的な誤りです）。

とはいえ、「苦悩するアーティスト」像に惑わされないよう気をつけなければなりません。なぜならそれは、彼らが装い慣れている、ただの「役割《ペルソナ》」でしかないことがよくあるからです。人びとを惹きつけてやまない、ロマンティックで、陰鬱な魅力めいたものを備えた、麗しいアーティストを演じているだけかもしれません。しかもこの役回りには、非常識極まりない行動が許されるという、大変便利なおまけまでついてきます。

「苦悩するアーティスト」といわれる人物は結局、恋人や自分自身やわが子をはじめ、あらゆる人たちをどんなにひどく扱っても許されます。他人に厳しく、横柄で、無礼で、残酷で、反社会的で、尊大で、激しやすくて、情緒不安定で、狡猾で、無責任で、わがままでも、大目に見てもらえるのです。一日中飲んだくれていても、一晩中喧嘩をしていてもかまいません。もし、清掃人や薬剤師がこんな振る舞いに及んだなら、大バカ者だとみなされるのがオチでしょう。でもそこは「苦悩するアーティスト」、誰にも文句は言われません。なぜって、特別な人間だから。繊細で創造的だから。そしてたまに、素敵なものを作ったりするから。

この考え方に、私は賛同しかねます。**創造的な生活を送りつつ、基本的にはまともな人間でいるよう努力できないはずがない**からです。英国の精神分析医アダム・フィリップス〔1954年生まれ。エッセイストでもある〕のこの意見には、私も賛同します。「芸術が残酷さを正当化するならば、芸術などなくてもいいと思う」。

私は、「苦悩するアーティスト」像に魅力を感じたことは一度もありません。思春期のころの私は夢見る乙女で、この手の人間をセクシーで素敵だと憧れても不思議はなかったでしょう。ですが、その当時でさえまるで無関心でした。昔も今も、こんな人たちのどこがいいのか、さっぱりわからないままです。

苦悩についてはもうじゅうぶんすぎるほど味わってきたので、わざわざ進んでもっと味わおうとは思いません。精神を病んだ人びとも嫌というほど見てきたので、狂気をセンチメンタルにとらえたくもありません。しかも、落ち込みや不安や屈辱は実生活でもう何度となく乗り越えてきました。そして思い知ったのです。**こうした経験は芸術を生み出す力を与えてはくれない**、と。

だから私は、わが心に巣くう魔物を、愛してやるつもりも耳を貸すつもりもありません。奴らが力になってくれたことなんてないのです。みじめで不安定だった時期、私は自分の創造性がけいれんを起こし、窒息していくのを感じました。不幸なときの私は、ほとんど何も書くことができません。とくにフィクションは絶対に無理です（実生活でドラマを生きるか、虚構のドラマを作るか。両方を同時に取り扱う能力がないのです）。

心痛のおかげで深みのある人間になるどころか、私はその逆の人間に変わってしまいます。狭くて薄っぺらで自分勝手な世界にとじこもるのです。めくるめく広がる創造の世界が、苦しみのせいで、ちっぽけでみじめな自分の脳みそサイズにまで縮んでしまいます。魔物たちがのさばってくると、創造の天使たちが撤退していくのがわかります。私がじたばたしているのを、天使たちは安全なところから、心配そうに見ています。そのうち、待ちくたびれた天使たちからの声が聞こえてくる気がします。「お願いだから、しっかりして！　やるべきことが、まだたくさんあるんだから！」。

仕事をしたい、限界に挑戦したい、そして自由に創造していきたい。この欲求こそが最高のモチベーションとなって、私はどうにか苦痛と戦い、できる限りまっとうで健全で安定した生活を自分のために整えることができるのです。

そうして私が「苦しみ中毒」にならずにすんだのは、あることを信じると決めたからだと考えています。

ごくシンプルだけれど、そのあることとは、愛《ヽ》です。

愛は、かならず苦しみに打ち勝ちます。

誰が創造性を困らせているか

もしあなたが、私とは反対の方向（つまり、愛ではなくて苦しみを信じる方向）へと進むならば、相当の覚悟が要ります。それは、戦場に家を建てるようなものだからです。そうして、創造のプロセスをまるで戦いのようにみなす人があまりにも多すぎます。それでは、無数の犠牲者が出るのも不思議ではありません。絶望と、闇ばかり。そして、なんという代償の大きさ！

先の世紀に、自殺または緩慢な自死行為、つまりアルコール中毒で夭折した作家、詩人、アーティスト、ダンサー、作曲家、俳優、音楽家などの名前をいちいちここに挙げるのはやめておきます（その数を知りたければ、インターネットで調べてみてください。死神の鎌が見えてきますよ。ほんとうに）。早世した天才たちの不幸の原因は千差万別ですが、誰にでも、生涯において少なくとも一度は、自分の仕事を愛した瞬間や人生が美しく花開いたときがあったはず。しかし、才能はあるけれども迷える魂を持つ彼らは、芸術の仕事もあなたを愛してくれたか、と問われたら、きっと「ノー」と答えていたでしょう。

いったい、芸術がアーティストを愛さないなどということがあるのでしょうか？

これが私の、素朴な疑問です。みずからの「創造性」に愛してもらえないとは、いったいどういうわけなのでしょう？　「創造性」があなたのほうに来てくれたのですよね？　だんだんと近づき、あなたの注意を引き、献身を求めてさまざまな手を尽くしたのは、「創造性」のほうでした。あなたの心を創作欲で満たしてくれ、関係を築こうとしたのです。これらはみな、理由あってのことではなかったでしょうか？　「創造性」が困難を乗り越えてあなたの意識に入り込んできたのは、ただあなたを殺すためだったと、心から信じているのですか？

それでは筋が通りません！

そんなことをして、「創造性」に何の得があるというのでしょうか。ディラン・トマス〔ウェールズの詩人。飲酒が原因で39歳で亡くなった。1914－1953〕が他界したとき、この世ではもうディラン・トマスの詩があらたに生まれることはなくなりました。詩人の魂を私たちに伝えるチャネルは永遠の沈黙に入ったのです。悲痛な出来事です。創造性はこんな悲しい世界を望んではいません。ディラン・トマスが普通に生きて書いて寿命をまっとうするような世界であってほしいに決まっています。ディラン・トマスに限らず、おびただしい数の芸術家が同じ思いを私たちに与えます。彼らがもう少し生きていれば完成しているはずだった芸術作品があるべき場所には、ぽっかりと穴が開いています。生まれなかった作品のせいで、私たちの心のなかにもぽっかりと穴が開いています。これが、大いなる宇宙が仕組んだ神聖な計画だとは、私にはどうしても思えないのです。

考えてみてください。もし、アイデアがただひたすら具現化されたいと望んでいるなら、それを実現してくれるはずのあなたをどうして傷つけられるでしょう？（自然は種子を生み出し、人はそのための庭を提供し、お互いの協力に感謝しあう関係を築くのです）ということは、です。創造性は、何も私たちを困らせようとしているわけではないのではないでしょうか？

創造性を困らせているのはむしろ、私たちなのではないでしょうか。

何があっても
幸せを感じて作り続ける

これだけは確信を持って言えます。その昔、私は、芸術への殉教を礼賛する精神と縁を切りました。そのかわり、「芸術と私は相思相愛関係、芸術と私はお互い一緒に遊びたくて仕方ない、そして愛も遊びも無限である」という、お気楽な考えを信条にしようと決めました。以来、私の人生はこの決意のもとに成り立っています。

そして、私はこう信じることに決めたのです。創造的な人間になりたいという欲求は、永遠に解明されない理由によって私のDNAのなかに組み込まれていて、創造性は私が無理やり追い出したり毒殺したりしない限り、いつまでも一緒にいてくれるのだ、と。私を作っている分子のひとつひとつが、この種の仕事——言葉を操り、ストーリーを紡ぎ、ものごとを探求し、語り手でいること——をしろと指示しているのです。運命がそう決めたのでなければ、私は作家にはなっていなかったでしょう。しかし、運命は私を作家にしいいました。それならば、できるだけほがらかに、極力トラブルを避けつつ、運命に従って生きよう。**作家としての自分をどう扱うかは、私次第。創造的人生を、殺戮の場にするのも、開けるたびにワクワクするような玉手箱にするのも、私の裁量ひとつ。**これが私の決意です。

その意味では、創造的人生は祈りの行為であるとさえ言えます。

そして究極的には、何があっても幸せを感じる自分を維持しながら、仕事に取り組み続けたいと思っています。

出版にこぎつけるようになるまでには数年かかりましたが、それまでの間、何があっても幸せを感じながら書き続けました。処女作がほんの数部、家族に売れただけの駆け出しの無名作家だったときも、大ヒット作を出して絶好調だったときも、その次の本が何百万部も売れはしなかったときも、評論家に称賛されたときも、揶揄されたときも、それらに左右されることなく、書く幸せをかみしめつつ書き続けました。書けないスランプに陥っても、すらすらと筆が進むときも、何があっても幸せを感じていました。

創造の荒野にひとりぼっちで放り出された、とか、書けなくてパニックに陥るのは自分がいたらないせいだ、などという考えとは縁を切りました。「インスピレーション」は、私が書いているときにはいつもそばにいてくれて、助けとなるよう最善を尽くしてくれている。そう信じることにしたのです。

「インスピレーション」は、ここではない別の世界からやってくるので、言葉もまるっきり違い、理解しあえないときがあります。それでも、「インスピレーション」は私の横に座って、努力してくれています。できる限りの手を尽くして、私に何らかのメッセージを送ろうとしているのです。夢、前兆、手がかり、偶然、デジャヴュ、巡り合わせ、腕を走る悪寒、逆立つうなじの毛、何か新しくてワクワクするような楽しみ、ある考えにとりつかれて一睡もできない夜……とにかくどんな手段を使ってでも。

そうして「インスピレーション」は、いつだって私と一緒に何かを作り出そうとしています。

だから私も、机に向かって書き続けるのです。

私は「インスピレーション」を信じ、「インスピレーション」は私を信じる。

私たちのあいだにはそういう取り決めがあるのです。

思い込むならどちらがよいか

こうしたことはすべて、私の思い込みなのでしょうか？

見ることも触ることも存在を証明することもできない力に、そもそもの存在さえ疑わしい力に全幅の信頼を置く私は、思い込みの激しい人間なのでしょうか？

いいでしょう。ここでは仮に、これを「完全な思い込み」と呼ぶことにしましょう。

しかし、思い込みという点では、苦しみと痛みだけがほんとうの創造性の証だと信じ込む心理と、どこが違うのでしょう？　自分が生まれたこの世界とは何の関係もなく、孤立している。運命から、特別に呪われた人間として選ばれた。ただ破滅への道をたどるためだけに才能が与えられた、等々。これらもみな、思い込みと呼べるのではないのでしょうか？

私はこう言いたいのです。思い込みに従って生きていくなら（人間はみなそうしています）、せめて役に立つ思い込みのほうを選択したらどうでしょう？

ここに、あなたを焚き付ける言葉があります。

創造性は作品になりたがっています。それも、あなたの手によって。

殉教者として生きるか、トリックスターとして生きるか

創造の苦しみへの中毒症状から脱け出すには、殉教者的な生き方をやめ、トリックスターの生き方を進んで取り入れるしかありません。

人は誰しも、トリックスターの面と殉教者の面を併せ持っています（もちろん、殉教者の面がまさっている人もいます）。しかし、創造的な人生を送ろうというのならば、どちらの生き方が好きか、はっきりさせることです。そして、自分のなかにあるどちらの面を育み、充実させ、自分の個性として取り込むか、決めなければなりません。

選ぶときはよく注意してください。友人でラジオパーソナリティのキャロライン・ケーシー〔北カリフォルニアで活躍中。占星術研究家〕はいつもこう言っています。「殉教者よりトリックスターのほうがまし」。

殉教者とトリックスターの違いは何なのか、知りたいでしょうか？

以下は、簡単な解説です。

殉教者がまとうエネルギーは、暗く、厳粛で、偉そうで、上下関係にうるさく、原理主義的で、禁欲的で、不寛容で、救いようがないほど硬直しています。

いっぽうトリックスターのエネルギーは、軽く、ずる賢く、性別を超越し、慣習を超越し、アニミズム的で、扇動的で、原始的で、絶え間なく形を変えています。

殉教者「勝ち目のないこの戦を戦うため、私はすべてを投げ出すつもりだ。たとえ、当たって砕け散り、苦悶のうちに死ぬことになったとしても」

トリックスター「せいぜいがんばってくれ！　勝ち目のない戦いをあんたがやっているその横で、こっちはこそこそ闇市か何かで儲けてやるよ」

殉教者「人生は痛みだ」

トリックスター「人生はおもしろい」

殉教者「世の中の仕組みは、善と神聖に反している」

トリックスター「仕組みなんて元からないさ。すべては善。神聖なものなんてこの世にはない」

殉教者「誰も私を理解してくれない」

トリックスター「誰がどう思おうと関係ないね！」

殉教者「世界の意味は永遠に謎のままだ」

トリックスター「うーん、そうかもしれないけど……謎々ごっこで遊ぶのも悪くない」

殉教者「私の苦悩を通して、真実が明るみに出るだろう」

トリックスター「おいおい、苦しむために生きてるんじゃないだろうが」
殉教者「名誉を汚されるくらいなら死を選ぶ！」
トリックスター「すべては駆け引きだよ」

殉教者はいつも、誇りをズタズタにされて死んでゆき、トリックスターは軽やかに走り去って、次の日も楽しく過ごします。

殉教者は、トマス・モア〔イングランドの法律家・思想家。『ユートピア』の著者。１４７８－１５３５〕のような人物です。

いっぽうトリックスターは、バッグス・バニー〔ワーナー・ブラザーズのマスコットキャラクター〕のような人物だと考えてください。

創造性をトリックスターのもとへ

創造したいという人間の原始的な衝動は、当然ながら純然たるトリックスター的なエネルギーから生まれたものに違いありません。というのも、**平凡な世界の逆転を試みるのが創造性ですが、これこそトリックスターの十八番だからです。**

ところが、ここ数百年間のどこの時点かわかりませんが、創造性は殉教者に捕獲され、「苦しみ」という名の収容地に入れられてしまいました。こうした事態に、芸術は深い悲しみを感じているはずです。多くの芸術家も悲しんでいることでしょう。

そろそろ、トリックスターに創造性を返すべき。そう、私は声を大にして言いたいのです。

トリックスターは、まさにチャーミングなならず者です。優秀なトリックスターなら、信頼する、というすばらしい美点を持っています。こう言われても、一見信用ならない怪しげなトリックスターのことですから、ピンと来ないかもしれません。でも、トリックスターは何事にも全幅の信頼を置きます。自分自身を信じるのは当然のこと、自分の狡猾さ、この地球上にいる権利、どんな状況にあってもぐらつかない足元を信じています。ある程度なら、他人も信用します（ペテンに引っかかるカモになってくれるという点で）。

しかし、トリックスターが何よりも信じているのはこの世界です。**無秩序で手に負えないけれど、つねに興味のつきないこの世界の動きを信じているので、心配のあまり苦しんだりはしません。**世界は遊びが大好きで、とくにトリックスターと遊びたがっている。そう信じています。

優秀なトリックスターなら、宇宙めがけて楽しく投げたボールは、かならず投げ返されてくるということを知っています。剛球や、くせ玉が投げ返されてくることもあるでしょうし、漫画のように無数のボールが雨あられと降り注いでくるかもしれません。あるいは翌年、忘れたころに返ってくるかもしれません。とにかく、いつかは投げ返されてくるのです。トリックスターはボールが返ってくるまで待ち、どのように返されて来ようともこれを受けとめ、ふたたび虚空へと投げ返し、次に何が起きるか様子を見ます。

これはトリックスターの大のお気に入りの遊びです。というのも、殉教者が決して到達しえないようなこの世界の大いなる真理を、トリックスターは（知力を総動員して）理解しているからです。

その真理とはつまり、すべてはただのゲームである、ということ。壮大で、気まぐれな、すばらしいゲーム。だからといって、何の支障もありません。なぜなら、トリックスターは気まぐれが好きだから。

気まぐれなど、彼にとっては日常茶飯事なのです。

いっぽう殉教者は気まぐれを憎みます。殺したいくらいに。気まぐれを殺そうとして、しょっちゅう自分まで殺していますが。

トリックスターとして仕事をするということ

『Daring Greatly』〔２０１５年。邦題『本当の勇気は弱さを認めること』〕をはじめとして、人の心の弱さについて論じた本を書いているブレネー・ブラウン〔ヒューストン大学研究教授。１９６５年生まれ〕は、私の友人です。彼女はすばらしい本を書きますが、本を書くとき、大変な産みの苦しみを味わうそうです。今まで、汗水流し、格闘し、苦しみながら本を書いてきたし、今でもそうだと彼女は言います。

そんなブレネーに最近、創造性とはトリックスターのためのものであって、殉教者のためではないという考えを話してみました。

この考え方は、彼女にとっては初耳だったようです（ブレネーいわく、「だって、私はもともと大学の研究者だからね。大学なんて殉教者的な考えに凝り固まった世界よ。ひとりで何年も勉学に励み苦しんでやっと論文が発表できるけど、読んでくれるのはたったの4人くらい、というのが普通なの」）。

でも、私のトリックスター説を理解してくれたブレネーは、自身の仕事習慣をよく見直してみたといいます。すると、創造のプロセスが、心のなかのひどく暗くて重たい部分から出発していたことがわかったのです。

その当時すでに、ブレネーは何冊も本を出してヒットさせていました。しかしその執筆の過程は、苛酷な試練の道を行くようなものだったといいます。書いているあいだずっと、恐れと苦悩しか感じていなかったのです。しかし彼女は、苦悩については何の疑問も感じませんでした。苦しむのはごく当然のことだと思い込んでいたからです。

とにかく、深刻ぶるアーティストというものは、深刻な苦痛をもってしか自身の才能を披露できないもの。彼女も、多くの先達に倣って、苦痛を何よりも自分の仕事の拠りどころにしていたのです。

しかし、彼女がトリックスターのエネルギーを使って書くようにしはじめた途端、突破口が見えたといいます。正直なところ彼女は、ものを書く、という作業は自分にとっては非常に困難なことだと感じていました。けれど、自分はストーリーを語っているんだ、と思えば難しくなくなったのです。

ブレネーの語りは、聞く人を魅了せずにはいません。そして彼女自身、人前でのスピーチが大好きだときています。ブレネーは4代続くテキサスっ子ではありますが〔テキサス州の英語は、特殊な南部訛りと語彙を持ち、他州の人間には聞き取りにくい場合もある〕、その語りのうまさは超絶技巧といえるほど。自分のアイデアを声に出してみると、それはまるで川のようによどみなく流れ出すということに気づきました。ところが、文章にしようとすると、アイデアはたちまち萎んでいくのです。

そこで彼女は、表現のプロセスをうまく操る方法を編み出しました。

最新刊を執筆しているとき、ブレネーはこの新しい方法を試します。これが、とんでもなく巧妙な、第一級のトリックスター的戦略だったのです。

彼女は、信頼している同僚ふたりに協力を求め、テキサス州ガルベストンのビーチハウスに来てもらい、締め切りが迫っている原稿書きを手伝ってもらうことにしました。

まず、同僚たちをソファに座らせ、本のテーマに沿った自分の語りをノートに書きとめてもらいます。そして、ひとつの話が終わるとすぐ、ノートを受け取って別の部屋に駆け込み、ドアを閉め、彼女たちを外で待たせたまま、自分が話した内容をそのまま書き起こします。

こうしてブレネーは、自分が話しているときの自然な口調をそのまま文字にすることに成功しました。これはちょうど、詩人のルース・ストーンが、自分の体を通り抜けていこうとする詩を捕まえる方法を見つけたのと似たようなやり方です。

それからブレネーは急いでリビングルームに戻り、書き上げたばかりの原稿を読み上げます。同僚たちはそれを聞きながら、もっと詳しく説明するよう彼女に促し、逸話や物語を盛り込みながら話の内容をさらに掘り下げるのを手伝います（もちろんそのあいだもノートを取りながら）。これが終わると、またブレネーは別室に行ってノートを書き起こします。

こうして、トリックスターの罠を仕掛けつつストーリーを紡いでいくことで、ブレネーは自分の虎のしっぽをつかむ方法を発見したのでした。

この作業中、どれだけバカ騒ぎをして笑ったことか。なんだかんだいっても、女友達3人のビーチハウスでのお泊り会です。タコスも食べ、メキシコ湾にも行き、とても楽しい時間を過ごしました。屋根裏の小さな仕事部屋でひとりがんばる苦悩系アーティストとは、まるで正反対の情景です。

ブレネーは私にこう語ってくれました。「苦しみながら仕事するのはもうさんざんやったわ。孤独にさいなまれながら人と人とのつながりについて書くなんて、もう絶対しないつもりよ」。新しい戦略は不思議なほどうまくいきました。ブレネーにとって、これほど速く書けたのも、うまく書けたのも初めてでした。さらに、これほど自信を持って書けたのも初めてだったといいます。

念のために言っておくと、このとき書いていたのはおもしろおかしい作品ではありませんでした。陽気な雰囲気のなかで生まれたからといって、作品まで陽気になるとは限りません。ブレネーは「恥」についての研究でよく知られている社会学者です。そしてこの本は、心の弱さ、失敗、心配、絶望、そして苦労した先に得る心の回復についての考察です。内容にふさわしい、深く厳粛な本です。やっとよい表現方法を見つけたブレネーは、ただ執筆作業を楽しんだだけ。そうしてついに、豊かな「ビッグ・マジック」の源にたどり着くことができたのです。

トリックスターの仕事ぶりは、こんな感じです。
軽く、軽く。
あくまでも軽く。

作ったものを神聖視しすぎない

私の小説が初めて商業誌に掲載されたのは、1993年、雑誌『エスクァイア』でのことでした。タイトルは『巡礼者たち』。ワイオミング州の牧場で働く女の子が主人公で、やはりワイオミングの牧場で働いていた若いころの体験をもとに書きました。いつものようにいろいろな出版社に原稿を勝手に送りつけては返却され続けていたのですが、そのなかで『エスクァイア』誌が声をかけてくれた、というわけです。

というのも、『エスクァイア』誌のアシスタント・エディター、トニー・フロイントが、持ち込み原稿の山のなかから私の小説を抜き出して、編集長であるテリー・マクドネルに見せてくれたのです。かねてから「アメリカ西部」の魅力にとりつかれていた編集長が私の小説を好むのではないかと思ったとのこと。

はたして、テリーは『巡礼者たち』をたいそう気に入り、買い取ってくれることになりました。このときが、私の作家としての最初のブレイクとなります。それも、私の人生最大のブレイクです。作品は『エスクァイア』11月号に掲載されることになりました（表紙はマイケル・ジョーダンでした）。

ところが、11月号発売の1カ月前のこと。トニーが電話で、問題が発生したと伝えてきました。大口の広告主が撤退し、11月号は予定していたよりもページ数を削らなければならなくなったというのです。どの読み物を犠牲にするか。編集部はまず、協力してくれる執筆者を募りました。そのなかで私も声をかけられたというわけです。

作品の長さを30％カットして、11月号のページ数に合うようにするか、掲載を全面中止し、作品はいじらずに、将来の号で掲載されるチャンスを待つか。

トニーは言いました。「ぼくには何とも言えないんです。作品を切り刻みたくない気持ちはとてもよくわかります。枚数を短くしたら、作品の持ち味が失われてしまうんじゃないかとも思いますし。だから、何カ月か待ってみて、現状のまま掲載するほうがあなたにとってはいいかもしれない。ただ、雑誌の世界では何が起きるか予測不可能です。気をつけてください。鉄は熱いうちに打てとも言います。もし今掲載をためらったら、二度とチャンスは巡ってこないかもしれません。テリーの気が変わるかもしれないし、ことによっては彼自身が『エスクァイア』編集部を去って、別の雑誌に移るかもしれない。つまり、あなたを推す人間がいなくなるということです。というわけで、ぼくからこうしましょうとはいえません。あなた次第です」。

10ページの短編小説の30%を削除するというのがいったいどういうことか、わかるでしょうか？　1年半を費やして書き上げた作品です。『エスクァイア』誌編集部に届けられたそれは、いわば磨き上げられた御影石《みかげ》のようなもの。無駄な単語はすべてそぎ落とされています。

しかも、『巡礼者たち』は自分のなかでは過去最高の出来だったので、また同じくらいうまく書けるとは、少なくともそのときの私には考えられませんでした。『巡礼者たち』は、ほんとうに大切な作品、私の身体に流れる血とでもいうべき作品だったのです。30%削ってしまうとしたら、どうやって物語として成り立たせればいいのでしょう。

何よりも、ある自動車会社が男性雑誌への広告掲載を中止したというだけで、私の生涯最高傑作を切り刻めと提案されたこと自体に、アーティストとしての尊厳が傷つけられたように感じました。誠実さや名誉、誇りはいったいどこにいったのだ？

この理不尽極まりない世界において、アーティストが高潔さの見本を示さなければ、誰がそれをやるというのか？

でも一方で、私は内心、こうつぶやいていました——まあ、いいや。

身も蓋もありませんが、今は「マグナ・カルタ」〔イングランド王によって1215年に定められた。「大憲章」とも呼ばれる〕について議論しているわけじゃないんです。カウガールとそのボーイフレンドが出てくる、たかが10

ページの短編小説にすぎません。

私は赤ペンを握り、作品を骨と筋になるまで削りました。最初の書き直しが物語に与えた結果は惨憺たるもので、衝撃的でした。まるで意味も理屈も通らない話になってしまっていたのです。それは、文字通りの殺戮行為でした。

ところがこのとき。私はそれが、なんだかおもしろい状況に思えてきたのです。メッタ切りにされた作品を眺めているうちに、これはもしかしたら、またとない創造的な挑戦なのかもしれない、という考えが頭をもたげてきました。こんな姿になってしまったけれど、工夫して読むに堪えるような作品にすることはできないだろうか？

私は、細切れの文を縫い合わせて、つじつまの合うストーリーへと再構築する作業にとりかかりました。文章を切ったり貼ったりしてまとめ上げていくうち、短くすることによってストーリー全体の調子がすっかり変わっていることに気がつきました。それも、かならずしも悪いほうにではなく。新バージョンは旧バージョンに比べて良くもなく悪くもなく、ただただまったく趣の違う作品になっていたのです。すっきりと、硬質な、ミニマムなところに魅力もある、そんな小説になったように感じられました。

みずから進んでこのようなスタイルをとることは決してなかったでしょう。自分がこういうふうに書けるなんて知らなかったからです。この発見をしたこと自体、私にはおもしろく思えてきました（自宅に今まで知らなかった部屋を見つける夢を見たことはないでしょうか？　人生とは意外に大きな可能性を秘めたものだという、どんどん広がっていくような感覚に襲われる夢を）。引き裂かれ刻まれ組み立て直されるという、なんとも荒っぽい扱いを受けた自分の作品が、それでも無事だったということに、それどころか与えられた条件下で立派にやっていけているということに、私は心底驚きました。

作品は、作者にとっては神聖なものかもしれない。けれど、かならずしも侵しがたいものではない。私はそう実感しました。**神聖視すべきはむしろ、プロジェクトにかけた時間、その時間があなたのイマジネーションを広げるためにどう使われたか、そして、広がったイマジネーションがあなたの人生をどう変えたか、という側面なのです。**

この時間を軽やかに過ごせば過ごすほど、あなたという存在はさらに明るく輝きます。

あなたの作品は
あなたの子ではない

自分の創作物について語るとき、人はよくそれを「私の子《ベイビー》」と呼びます。じつはこれ、気楽にやっていく精神とは正反対の言動です。

ある友人は、1週間後に自分の最新小説が刊行されるというとき、私にこう言いました。

「まるで、初めて子どもをスクールバスに乗せるような気持ちよ。いじめっ子にからかわれたりしないか心配だわ」（トルーマン・カポーティ〔米国の作家。1924-1984〕はもっと殺伐とした言い方をしています。「本を上梓するということは、子どもをバックヤードに放り出して撃ち殺すみたいなものだ」）。

みなさん。いいですか。芸術作品と人間の子どもはまったくの別物です。

作品を自分の子とみなす発想は、激しい心的苦痛をもたらします。この点に関しては、私はひどくまじめにそう思うのです。作品を自分の産んだ子だと心から信じていたら、その体を30％切りとらなければならない日が来てしまったら、とても困った事態になるでしょう。しかもそういう可能性はおおいにあります。誰かがわが子を批判したり訂正したり、大幅な修正を提案したり、自由市場で売り買いしようとしたら、きっとあなたは耐えられないでしょう。作品を発表したり共有したりすることすら、できないかもしれません。見守りお世話をしてくれるあなたがいなくては、無力でいたいけな赤ちゃんは生きていけないでしょうから。

あなたの作品はあなたの子ではありません。いうなれば、あなたこそが作品の子どもなのです。今まで書いてきたすべての作品なくして、今の私はありません。どのプロジェクトも、それぞれのやり方で私を大人にしてくれました。書き上げた作品と、作品によって変わった自分のふたつが、私を今の私にしてくれたのです。創造性は私を育て、大人にしてくれました。子どものように振る舞わないようにするにはどうすればいいかを教えてくれた、あの短編小説『巡礼者たち』での経験を皮切りに。

ともあれ、結局、『巡礼者たち』の縮小版は『エスクァイア』誌の1993年11月号にかろうじてねじ込まれた形になりました。そして、なんという天の采配か、その数週間後にテリー・マクドネル（私を推薦してくれた編集長）が同誌の編集長の座を退いたのです。彼がそのうち掲載するつもりで置いていった短編や記事はすべて、二度と日の目を見ることはありませんでした。もし、あれこれ削るのを渋っていたら、私の短編小説も同様の運命をたどり、その辺に打ち捨てられていたことでしょう。

でも、私の作品は、カットされたおかげで命拾いをしました。おしゃれな感じの、別の物語に生まれ変わって。しかも、大きな転機まで訪れました。この作品がある文芸エージェントの目に留まり、私と契約を結んでくれたのです。このエージェントは以来20年以上にわたって、優しく細やかな気遣いで、私の作家生活に指針を与えてくれています。

今この出来事を振り返ってみると、すんでのところで失ったかもしれない機会のことを考えてゾッとします。プライドがもう少し高かったら、今ごろ、この世界のどこか（机の引き出しの底）に、『巡礼者たち』という10ページの短編小説が誰にも読まれずに眠っていたことでしょう。手を加えられることなく元の姿のまま、まるで磨き上げられた御影石のように。そして私は、相変わらずバーテンダーをやっていたでしょう。

おもしろいことに、『巡礼者たち』が『エスクァイア』誌に掲載されたあと、私はこの作品を気にもとめなくなりました。会心の作というにはおよそかけ離れていたし、私にはそのあとも書きたいものがたくさんあったから、頭はそのことでいっぱいでした。どちらにせよ、『巡礼者たち』は聖遺物ではありません。ただの「モノ」です。作り上げて愛おしんだけれど、変更を加えて書き直し、それでも愛し続けて活字にし、次の仕事にとりかかる段になったら、脇へどけておける「モノ」なのです。

私はすんでのところで『巡礼者たち』によって自滅せずにすみ、ありがたい気持ちでいっぱいでいます。自分の書いたものを不可侵と考え、その神聖な姿を守ろうとしてかえって見殺しにすることになるという、殉教者にありがちな悲しく自己破滅的な行為に及んでいたかもしれないのです。私は反対に、遊び心を持って、柔軟に、うまく立ち回るほうを選びました。心を楽に持って仕事をする気でいたおかげで、あの短編小説は私の墓場とはならず、大きく広がる素敵な新しい人生への道を切り開いてくれたのです。

だから、尊厳とのかかわり方にはくれぐれも気をつけてください。

それはいつもあなたのためになるとは限らないのだから。

情熱をあてにしてはいけない

突然ですが、情熱は切り捨てるよう、つよくおすすめします。

私の口からこんなことを聞いて、驚く人も多いかもしれません。でも、私は情熱に関してはいささか否定的です。少なくとも、情熱についての説教には反対です。「情熱のおもむくままに進みさえすれば、万事はうまくいく」なんて人びとに教えるのはどうかしていると思います。役に立たないばかりか、アドバイスとしては悪質です。

そもそも、こんな忠告を必要とする人は存在しない気がします。自分の情熱が何かはっきりわかっている人なら、他人に言われるまでもなく、すでにその情熱に従って生きているでしょうから（これこそ「情熱」の定義でしょう。「情熱」とは、自分でも抑制が利かなくなって、異常なまでに対象に執着することです）。

しかしほとんどの人は、自分たちの情熱が何なのか、よくわかっていません。あるいは、複数の情熱がバラバラの方角を向いているのかもしれないし、中年になって情熱のあり方が変わってきたのかもしれない。いずれにせよ、情熱について誰かに説教されたら、戸惑い、閉塞感を覚え、不安になることでしょう。

何が自分の情熱かわかっていないあなたに向かって、誰かが気楽に「情熱を追いかければいいんじゃない？」なんて言ったら、その人に向かって中指を突き立てて軽蔑してやればよいのです。なぜならこれは、体重を減らすには痩せればいいんだとか、充実した性生活を送るには何度もオーガズムを感じる体質になればいいんだとかアドバイスしているようなものだから。何の役にも立たないアドバイス！

私は、だいたいにおいてかなり情熱的な人間ではありますが、毎日をそのように過ごせているわけではありません。情熱はどこに行っちゃったんだろうと困惑する日だってあります。つねにインスピレーションが次々と湧いてきているわけでも、次に何をすればいいか確信に満ちているわけでもありません。

情熱が向こうからこちらへ来てくれるのをじっと待っていればいい人間ではないからこそ、私はただひたすら書き続けているのです。生きている限り何かを作り続けるのはすべての人間に与えられた特権だと信じて、創作表現を楽しんでいる。何よりも私は、創造性を信頼しています。たとえ姿が見えないときがあっても、創造性はいつでも私を見つけようとしてくれているのだから。

では、情熱が萎えてきたときには、創作のためのインスピレーションはどうやって見つければよいのでしょうか？

ここで登場するのが「好奇心」です。

好奇心に導かれるままに生きよう

好奇心は、創造活動における秘訣となるものです。好奇心は、創造的生活の真の姿であり、取るべき道です。創造的生活は好奇心に始まり、好奇心に終わるのです。

さらに言えば、好奇心は誰もが気軽に持つことができる感情です。情熱は、おそれ多くて近よりがたい感じがするときもあります。まるで、天才や神に選ばれた者にしか手の届かない、はるかかなたに見える炎の塔のように。いっぽう好奇心は、より穏やかで、静かで、敷居が低く、誰にでも平等に門戸を開いてくれる存在です。情熱を追求するより、好奇心を追求するほうが、その危険度はかなり低いもの。情熱のせいで、離婚し、家財道具を売り払い、剃髪してネパールに移住してしまう人だっています。でも、好奇心のせいでそこまでする人はいないでしょう。

実際、好奇心というのは、たったひとつ簡単な質問を投げかけてくるだけの存在です。

「あなたの興味があることは、何ですか？」

今、何かに興味を持ってはいないでしょうか。

どんなにささいなことでもよいのです。

どんなに平凡でちっぽけなことでもかまいません。

あなたに波乱万丈の人生を送らせたり、仕事をやめさせたり、改宗させたり、精神的混乱に陥らせたりするようなことではなく、あなたの注意をほんの一瞬でも引いた何かが見つかればじゅうぶんです。

一瞬のあいだで構いません。立ち止まって、そこに潜むごく小さな興味のかけらが何であるのか、見きわめましょう。

すると、好奇心があなたにこう言うでしょう、ほんの少し頭を動かして、さらによく目を凝らしてみて、と。

さあ、そのとおり実行してみましょう。

この興味のかけら、一見取るに足らないもののようですが、これこそ好奇心が出してくる手がかりです。この手がかりを信頼してください。好奇心はあなたを次にどこへ連れていってくれるでしょうか。次々と出される手がかりに従ってみてください。くれぐれも、砂漠で神の声を聞くかのような厳粛な態度にならないように。いうなれば、気軽で無害な宝探し、といったところです。

好奇心の宝探しを続けていくと、びっくりするくらい意外な場所に連れていかれる可能性もあります。最終的には、あなたの情熱が見つかるかもしれません。路地裏や地下蔵や秘密の扉へと続く、奇妙で二度と行けないような通路を使って。

または、どこにもたどり着けないかもしれません。

好奇心のおもむくままに人生を過ごした結果、最終的には何の成果も得られないかもしれない――あるひとつのことを除いては。それは、**知的好奇心という人間の高貴な美徳に全生涯をかけて身を捧げてきた自分自身を振り返ったときの満足感**です。

豊かでめくるめくような人生を送ったと言うことができれば、これ以上の幸せはないでしょう。

好奇心にしたがった結果得られたもの

好奇心の宝探しが私たちをどこまで導いてくれるのか。ひとつの例をお話しします。

私にとって最高傑作になるはずだった小説を書かずに終わった経験は、すでにお話しした通りです。アマゾンのジャングルを舞台にしたその物語を放置してしまったため、物語は私の意識から飛び出してアン・パチェットの意識へと移りました。あの本こそは、私にとって情熱のプロジェクトでした。身体と心を通して興奮と刺激が伝わり、物語のアイデアはすばらしいひらめきとして私の元にやって来ました。ところが現実のしがらみに気を取られ、執筆が開始できないでいるうちに、アイデアは去っていってしまいました。

まあ、人生なんてそんなものです。

アマゾンのジャングルについてのアイデアが消えたあと、身体と心を通して興奮と刺激が伝わるあのすばらしいひらめきの瞬間は、すぐには私の元を訪れませんでした。よいアイデアが浮かぶのを待ち続け、準備万端だという信号も全世界に向かって送り続けました。それでも、よいアイデアはやって来ません。鳥肌も立たず、うなじの毛も逆立たず、胸騒ぎも起こりません。奇跡はやって来なかったのです。聖パウロも、馬に乗ってはるばるダマスカスまでやってきたのに、ほんの少しの雨以外に何も起こらなかったらこんな気持ちになるのでしょう〔新約聖書『使徒行伝』によると、パウロはキリスト教徒を迫害するためにダマスカスに向かう途中で神の声を聞き改宗している〕。

人生はほとんど毎日、このようなものです。

私はしばらくのあいだ、日々の雑事をあれこれとやって過ごしました。メールを書いたり、靴下を買いにいったり、期日が迫っている用事を片づけたり、バースデーカードを送ったり。毎日の生活を整えることに時間を使いました。そうして時は過ぎ、情熱的なアイデアは相変わらず私の元にはやって来ませんでしたが、慌てはしませんでした。そのかわり、いつもよくやっていた方法をとってみることにしました。

それは、**自分の意識を情熱から好奇心へと向け直すこと**です。

「リズ、今何かに興味がある？」。私は自分にそう問いかけました。

何かないだろうか？

ささいなことでもいいから？

どんなに平凡でちっぽけでもいいから、何かない？

　私の見つけた答えは、「ガーデニング」でした（はいはい、わかってます。まあそう興奮しないでください！　しかしよりによってガーデニングとは！）。

　そのころの私は、ニュージャージー州の小さな田舎町に引っ越してきたばかり。購入した古い家にはいい感じのバックヤードがあって、そこに庭を作ってみたくなったのです。

　この衝動には自分でも驚きました。たしかに、私が育った家にはいつも庭がありました。それも大きな庭で、母がきちんと手入れしていたのですが、私自身は庭の手入れに興味を持ったことは一度もありませんでした。怠け者の私を仕込もうとした母の多大な努力もむなしく、ガーデニングのガの字も学ばなくてすむよう必死で逃げ続けたのです。

　したがって、土いじりなどにはまったく興味がなく、田舎暮らしが嫌いな子どもでした（畑仕事は退屈で、大変で、面倒くさいと思っていました）。大人になってからも、田舎で暮らそうなどと思ったことはありませんでした。ニューヨークに移り住んだのもあちこちを旅するようになったのも、田舎暮らしの面倒くささに耐えられなかったからです。とにかく、農業をやるなんてまっぴらごめんでした。

　それなのに、このときの私ときたら、子ども時代を過ごした街よりもっと小さな町に引っ越し、庭が欲しいなどと考えはじめたのです。

　とはいえ、喉から手が出るほど庭が欲しかったわけではありません。庭作りに命を捧げるつもりもありませんでした。ただ、庭があったらいいかもしれない、そう思っただけなのです。

それが、好奇心というものです。

突然の気まぐれはあまりにかすかで、見逃してしまっていてもおかしくありませんでした。なにせ、気配すらほとんど見せなかったのだから。それでも私はちゃんと気づき、好奇心が教えてくれた小さな手がかりに従って、庭に草木を植えてみることにしました。

庭仕事を始めてみると、思っていたよりもガーデニングの知識が自分にあることに気づきました。どうやら、子どものときに、それとは知らず母からなにがしかのコツを学んでいたようなのです。あれほど庭仕事から逃げ回っていたにもかかわらず。

自分のなかに眠っていた知識の再発見は、私に充足感を与えてくれました。さらに、いろいろ植えていくにつれ、子ども時代の思い出もどんどんよみがえってきます。母のこと、祖母のこと。大地を耕して生きた先祖代々の女性たちにも思いをはせました。

季節がかわるころ、今までとは違った目でバックヤードを眺めるようになりました。庭は、母の庭とは違う、私らしい庭になってきていました。たとえば、野菜を育てるのが得意だった母とは違って私はあまり野菜に興味がなかったから、入手できる花のなかでもできるだけ鮮やかで派手なものを選んで植えていました。

それだけではありません。植物を育てるのに留まらず、植物について学びたくもなってきたのです。具体的には、植物の由来に興味が湧いていました。

たとえば、うちの庭を美しく飾ってくれている在来種のアヤメは、どこから来たのだろうか？　インターネットで検索してみると、たった1分でわかりました。うちのアヤメの原産地はニュージャージーではなく、シリアだったのです。

なんだか私は、大発見したような気分でした。

さらに、ほかの花についても調べてみました。家の近所に咲いているライラックは、昔トルコに自生していた同じような低木の子孫。チューリップも原産地はトルコ。でもトルコの野生種とうちの派手な改良種のあいだで、数多くのオランダ人が手間を加えている。ハナミズキは地元産。レンギョウは日本原産。フジも遠くからやって来ていました。ある英国人船長が中国から持ち帰った植物を、英国からの入植者がアメリカ大陸という新世界に運び入れたのだそう。これは比較的最近の出来事です。

こうして私は、庭にあるすべての植物の由来をチェックしはじめました。メモを取りながら調べるうち、好奇心はどんどん膨らんでいきます。そして、私の好奇心を刺激したのは自分の庭そのものではなく、その背景にある植物史なのだということに気がつきました。知る人ぞ知る、血沸き肉躍る、交易と冒険と世界を股にかけた陰謀の歴史です。

次の本の題材になるかもしれない？

たぶんそうかな。

私は、好奇心のおもむくままにリサーチを続けました。こんなにも植物史に魅了されている自分の心を信じようと決めました。植物の雑学全般に興味を持ったからには、そこに何かきっと理由があるはず。

これに呼応するかのように、次々と前兆や偶然が私の元を訪れました。それも、私がここ最近興味を持ち出した植物史に関連する前兆や偶然ばかりです。ぴったりの本、うってつけの人材、またとない機会に巡りあいました。いくつか例を挙げてみましょう。苔の歴史についてアドバイスを請いたいと願っていた専門家は、アップステート・ニューヨークの辺鄙な場所にある祖父の家からほんの数分のところに住んでいました。また、曽祖父から譲り受けた200年前の本には、私が探し続けていた手がかりが載っていました。しかもそれは、多少の肉付けを施せば小説の登場人物にうってつけの、生き生きとした歴史上の人物についての記述でした。

前途洋々です。

そしてこのときから、私の物狂おしい創作過程が始まりました。

植物研究に関する情報を探し求めていたら、世界のあちこちを旅する結果となりました。ニュージャージーのわが家のバックヤードから英国の園芸図書館へ、英国の園芸図書館からオランダの中世薬草園へ、オランダの中世薬草園からフランス領ポリネシアへ。

調査と旅行と研究の3年間を経て、ようやく私は『The Signature of All Things』の執筆にとりかかりました。19世紀の架空の植物研究家一族を中心に展開する小説です。私のほうめがけてやって来てくれた小説ではなかったので、ほとんど何もないところから始めました。勢いよく本の世界に飛び込むというより、手がかりをひとつひとつクリアしながら、じりじりと進めていった感じです。でも、宝探しを終えて本を書きはじめるころには、19世紀の植物研究にすっかり夢中になっていました。その3年前には、19世紀の植物研究の話など聞いたこともなく、バックヤードに小さな庭を作りたくなっただけだというのに！　そんな私が、植物、科学、進化、廃絶、愛、喪失、そしてひとりの女性による知の冒険が盛り込まれた壮大な物語を書いているのです。

つまり、うまくいったということ。でもこれは、**好奇心が示すあらゆる小さなヒントに気づき、それに対して「イエス」と言ったからにほかなりません。**

そう。これもまた「ビッグ・マジック」なのです。

ややおとなしい、そしてのんびりとやってきたビッグ・マジックだけれど、間違えてはなりません。これもれっきとしたビッグ・マジックです。

ビッグ・マジックへの信頼はどう表明すればいいか、覚えておいてください。

「イエス」、そう言いさえすればいいんです。

「おもしろさ」が始まる瞬間

私に大きな刺激を与えてくれるクリエイターは、情熱的なタイプではなく、好奇心でいっぱいの人たちです。

好奇心があると、仕事に安定感が出ます。激しい情熱の持ち主は、精神的なムラが仕事にも影響します。ジョイス・キャロル・オーツ〔米国の作家・大学教授。１９３８年生まれ〕は、3分に1篇書き上げているのではないかというくらい、頻繁に小説を上梓しています。しかもその守備範囲の広さときたら凄まじいものです。きっと、興味の対象が多岐にわたるのでしょう。ジェームズ・フランコ〔米国の俳優・映画監督。１９７８年生まれ〕の、やりたいと思う役柄があればどんな作品にも出演する姿勢も好きです。毎回オスカー賞にノミネートされる必要なんてないと、彼にはわかっているのでしょう。おまけに、俳優としての仕事の合間に、アート、ファッション、学問、執筆活動に精を出しているところも素敵です（俳優以外の彼の創造性について、どう評価するかって？　どうでもいいことです！　やりたいことをやっている彼の姿勢が好きなんです）。ブルース・スプリングスティーン〔米国のシンガーソングライター。１９４９年生まれ〕が、スタジアムで歌われるような壮大な曲だけでなく、全曲がジョン・スタインベックの小説を下敷きにしたアルバム〔『怒りの葡萄』を基にした『ザ・ゴースト・オブ・トム・ジョード』〕を書いたのも素敵だと思います。陶芸を気まぐれにやっていたピカソも大好きです。

あるとき、映画監督のマイク・ニコルズ〔米国の映画監督。1931－2014〕が、自分の多作なキャリアについて語っていました。彼は、自作のなかでも失敗作と言われるものに興味津々なのだそうです。テレビの深夜映画でそんな作品が放映されるときはかならず、最初から最後までしっかりと観ます。そして、成功した作品を相手にはまずそんなことはしません。

彼は目を凝らして、こんなことを考えながら観るそうです。「これはおもしろい。このシーン、どうしてこんな撮り方をしちゃったんだろう……」。

屈辱もなく、落胆もなく――ただ、非常におもしろいと感じるだけ。ものごとは、あるときはうまくいき、そうでないときはうまくいかなかったりする。それは、どういうわけなのでしょうか。私はよく考えるのです。苦悩に満ちた創造的生活と、穏やかな創造的生活の違いは、「ひどい」という単語と「おもしろい」という単語の差異と似たようなものなのではないか、と。

つまり、**作ったものが「おもしろい」結果を生んだとしても、それは「ひどい」結果よりトラブルの量がかなり少なくてすんだというだけで、中身にたいした違いはないのです。**

多くの人が創造的生活をやめてしまうのは、「おもしろい」という言葉を恐れているからではないでしょうか。大好きな瞑想の師、ペマ・チョドロン〔米国人のチベット仏教僧で作家。1936年生まれ〕は、瞑想しに来る人びとの最大の問題は、おもしろくなってくるころに瞑想をやめてしまうことにあると言います。つまり、楽な段階が終わるともうやめたくなってしまう。苦しくなってきたり、つまらなくなってきたり、心がかき乱されたりすると、人びとは何もかも放り出してしまうのだそうです。みずからの心のなかに、恐れていたことや自分を傷つけそうなものを発見したとたんに瞑想をやめてしまうのです。そこから瞑想が心地よくなり、豪快になり、変化をもたらしてくれるというのに。実にもったいないことです。つらい段階を乗り越え、みずからのうちにある、むき出しでまっさらで手つかずの世界に入るという、瞑想の醍醐味も経験せずに終わってしまうのです。

人生のあらゆる大事な局面において、これと同じことが言えるのではないかと私は思います。究めようとしたり、探求したり、創造したりするものが何であれ、すぐにあきらめてしまわないこと。友人のロブ・ベル牧師〔米国の宗教家で作家。1970年生まれ〕もこう警告しています。「つらい経験や状況から大急ぎで逃れようとしないこと。これほどあなたを変えてくれる力を持ったものはほかにはないのだから」。

楽ではなくなったり、報いがないと感じられたりした瞬間にこそ、踏みとどまり、勇気を失わないことが大切です。

なぜなら、そのようなときにこそ、例のあの瞬間が待っているから。

そう。おもしろさ、が始まる瞬間が。

魂が求める「不思議な感動」

あなたはいつか失敗します。

こんなことは言いたくないけれど、ほんとうです。リスクを冒して創造活動に邁進しても、報われない場合はよくあるものです。私は一度、書き上げた本の原稿を丸ごと捨てたことがあります。なぜなら、それが失敗作だったからです。コツコツと書き上げたもののほんとうにだめな小説で、結局捨てるしかありませんでした（うまくいかなかった理由なんてわかるわけがありません。どうやって判断しろと？　本の検視官じゃないんだから、死因など特定できません。あの本はただ、うまくいかなかったんです！）。

この私だって、失敗すれば悲しくなります。自分にがっかりもします。自己嫌悪を感じ、他人に険悪な態度をとるかもしれません。それでも、屈辱や怒りや無気力の深い淵に転落しないよう、落胆している自分に向き合う方法を学んできました。これまでの人生を通して、失敗したときに心のどの部分が苦しんでいるのか、読めるようになってきたのです。

それは単に、自尊心の問題でした。

なるほど、とてもシンプルです。

自尊心が一概に悪いとは思っていません。誰にでも自尊心はあります（なかには、ふたつある人もいるかもしれませんね)。恐れが最低限の生命の維持に欠かせないのと同様、自尊心もまた、基本的な自我の形成を担ってくれます。個性をアピールし、欲求をあきらかにし、優先傾向を理解し、他との境界線を維持できるのも、自尊心があるおかげです。

自尊心とは一言でいえば、あなたをあなたたらしめているもの。社会学者で作家のマーサ・ベック〔1962年生まれ〕も、自尊心についてこういっています。「外出時には忘れずに」。

ただし、**自尊心に主導権を握らせてはなりません。**そのうち行き詰まるのは目に見えています。自尊心は家来としては優秀ですが、主人としては最低です。なぜなら、自尊心が望むものはただひとつ、見返りだからです。とにかく見返りを望んでいる。もっともっと、見返りがほしい——。

自尊心は、見返りがいくらあっても絶対に満足することはありません。だから、いつでも不満げです。この不足感を野放しにしておくと、人は完全に駄目になってしまいます。とどまるところを知らない自尊心は、仏教では「餓鬼《がき》」と呼ばれ、つねに満たされることない飢えに苦しみ、欠乏感と貪欲のうめき声を上げ続けます。

私たちはみな、そうした飢えを心のなかに棲まわせています。すべての人間の心の奥底に住むこの愚かしい存在は、何を与えても決して満足しようとはしません。私やあなた、あらゆる人びとがこれを抱えて生きています。

しかし、私には救いの言葉があります。「私は自尊心だけでできている人間ではない。私には魂もあるのだ」。この魂は、見返りや失敗を問題にはしません。何かをするときに、称賛を乞うたり批判を恐れたりはしません。魂にとっては、そんな言葉は存在すらしないのです。丁寧に向かい合ってみれば、私の魂は、可能性を広げてくれる魅力的なアドバイスの宝庫であり、自尊心にはとてもかなわないことがわかります。

なぜなら、魂が求めているものはただひとつ、「不思議な感動」だからです。私にとって、「不思議な感動」への最短ルートは創造活動なので、まずはそこに逃げ込みます。**創造活動は魂に栄養を与え、餓鬼をなだめます。**すると、いちばん危険な自分が表に出てこないですむのです。

したがって、不満を申し立てる自尊心のか細い声が聞こえてきたら、こう言ってあげればよいのです。「あっ、自尊心！　久々のお出まし！」。誰かに批判されて、怒りや頭痛や対決姿勢といったリアクションを自分のうちに感じたときも同様です。自尊心がいきなりあらわれて、自分の影響力を試そうとしているだけなのだと認識すること。

こんな状態のとき、私はカッカしている自分の心を注意して眺めるようにしていますが、あまり深刻にとらえないようにもしています。というのも、傷ついたのは私の自尊心だけであって、私の魂は決して傷つかないとわかっているから。自尊心だけが、仕返ししたがり、もっと大きなご褒美をもらいたがっているのです。ツイッターでヘイト行為をしてくる相手に戦いを挑もうとするのも、悪口を言われてふてくされるのも、望んだ成果が得られないと憤って仕事をやめてしまうのも、すべて自尊心のひとり相撲です。

こんなときはいつも、安定した自分を取り戻すために魂のところへ戻って、こうたずねてみるのです。「それであなたは？　何が欲しい？」。

魂の返事はいつも同じ。「もっと、不思議な感動を」。

「不思議な感動」を求める気持ちに動かされている限り、何よりも大切な魂の無事が確認できます。そして、「不思議な感動」への近道である創造性を最優先して行動できるのです。外からの（そして自分のうちなる）ノイズや雑念は遮断し、何度でも創造性のところへ戻ります。「不思議な感動」を求める心がなければ、私はきっとくじけてしまい、永遠に不足感を抱いたまままさまよい続けることでしょう。これは、ゆっくり腐っていく肉体にしばられ、わめき声を上げる餓鬼の姿にほかなりません。

悪いけど、私はそれだけは嫌ですね。

うまくいかないときは、
とにかくなんでもいいから別のことをする

創造的な人生を歩み続けるために、失敗や屈辱をどうやってはねのければいいのでしょ

うか？

第一に、自分を許してあげることです。何かをやってみてうまくいかなかったら、それは放っておく。あなたはただの初心者です。たとえその道50年のベテランであっても、この世に生きる私たちはみな、死ぬまで初心者でしかありません。だから、手放しましょう。終えたばかりの仕事のことは忘れ、オープンな心で次のプロジェクトを探しましょう。

昔私が『GQ』誌のライターをしていたときのことです。編集長のアート・クーパーは、私が5カ月かけて書いた記事（ついでに言うと、かなりの取材費をかけた、セルビアの政治についての潜入ルポ）を読み、1時間後に私のところに来てこう言いました。「この記事は使えないな。書き直しても無駄だろう。きみにはこの話を扱うのは無理だったようだね。これ以上やっても時間の無駄だから、すぐに次の記事にとりかかってくれ」。

なかなか衝撃的な通告だったし、あまりに突然でした。しかし、それにしても、なんという効率のよいやり方でしょう！

私は編集長に言われた通り、次の記事にとりかかりました。

そう、いつでも次があるのです。

立ち止まらず、前に進み続けましょう。

何であれ、できるだけ失敗にこだわらないようにすることです。ヘマをしたその原因を分析する必要はありません。失敗の意味など考えても無駄です。

覚えておいてください。創造の神は、私たちに対する説明責任は負いません。**落胆している自分を認め、ありのままを受けとめ、次のプロジェクトへ移ることが**大切です。失敗はみじん切りにして、あらたなプロジェクトを釣るための餌にでもすればよいのです。進歩するためにこんな大しくじりをしなければならなかったのはなぜなのか、いつの日か、腑に落ちるときが来るかもしれません。あるいは、そんな日は来ないかもしれません。

それならそれで、よいではありませんか。

とにかく、次に進むのです。

何が起ころうと、忙しく過ごしましょう（17世紀の英国の学者、ロバート・バートン〔『憂鬱の解剖学』の著者。1577－1640〕が教えてくれた、憂鬱を乗り越えるための賢明なアドバイスは、私の座右の銘です。「孤立するな、怠惰になるな」）。やることを見つけてください。心配やプレッシャーから気持ちを切り替えるために。別の種類の創作表現でも何でもかまいません。

本がどうしても書けなくなってしまったとき、私は絵画を習いはじめました。書くこととは別の表現手段に目を向けてみようと思ったからです。絵は下手ですが、そんなことは問題ではありません。何らかの芸術表現にかかわっている状態こそが大切なのだから。言ってみれば、ダイヤルをいじくり回して、何とかしてインスピレーションと交信しようと試みていたのです。結局、絵をたっぷり描いたあと、また文章を書くことができるようになりました。

アインシュタインはこの作戦を「組み合わせ遊び」と呼んでいました。何か違うことをやってみて、意識のチャネルを開くという行為です。アインシュタイン自身、数学の問題がなかなか解けないときには、バイオリンをよく弾いていたといいます。そして数時間ソナタを弾けば、たいていの問題の解は得られたそうです。

「組み合わせ遊び」が効果的である理由のひとつは、**シリアスさを軽減することによって自尊心と恐れをなだめることができる**、という点にあると思います。若いころ野球が得意だった友人のひとりは、自分が平常心を失ったせいで試合に負けてしまうという経験をしました。そのあと彼は野球を中断して、1年ほどサッカーをやりました。サッカーはそれほど上手ではなかったけれど、楽しんでプレーし、たとえ負けても落ち込んだりはしませんでした。「負けても自分のせいじゃない」と、自尊心がちゃんと承知していたからです。それに目的は、ありのままの自分を取り戻し、頭を空っぽにし、思い通りに体を動かす感覚を磨くためだったから、運動なら何でもよかったのです。

とにかく、サッカーは楽しい経験でした。1年間、おもしろ半分にサッカーをやったあとで野球に戻ってみると、いきなりスムーズに動けるようになっていました。しかも、今までにないほど上手に、軽やかにプレーできるようになっていたのです。

だから、**ほんとうにやりたいことがうまくできない場合には、別のことを始めてみれば**

よいのです。

犬の散歩をし、家の周りのゴミを丁寧に拾い、また犬の散歩をして、ピーチ・コブラー〔アメリカの定番スイーツ〕を焼き、きれいな色のネイルカラーを小石に塗って積み上げてみましょう。大事な仕事を先延ばしにしているように思われるかもしれませんが、それは違います。この行為には正しい意図があるのです。それに、何でもいいから体を動かせば、無気力状態から脱することができます。なぜなら、インスピレーションはつねに動いているもののほうに引き寄せられるからです。

腕を振り回してみてください。何かを作ってみてください。何かをやってみてください。何でもいいからやってみてください。

とにかく何らかの創作活動をすることによって、自分のほうに注目を引き寄せるのです。そして、ここが肝心な点ですが、あなたが愉快な大騒ぎをたっぷり演じれば、そのうちインスピレーションはあなたの元へ帰ってくると、信じてください。

無気力地獄から抜け出した ある作家の経験

創作意欲が枯渇した状態から抜け出して仕事に復帰する方法として、オーストラリアの作家・詩人・評論家のクライヴ・ジェームズ〔1939年生まれ〕の経験は完璧な例となるでしょう。

ある作品の大失敗（ロンドンで上演される舞台のために書いた脚本だったのですが、不評であっただけでなく、ジェームズ一家は破産に追い込まれ、何人かの友人は去っていきました）のあと、ジェームズは絶望感と恥辱感の暗い泥沼にはまってしまいました。興行が終了すると、口惜しさと恥ずかしさにさいなまれた彼は、妻が何とか家族をひとつにまとめているあいだ、ソファに座ったままひたすら壁を睨んで時を過ごしました。作品を書く勇気など二度と持てないような気にさえなっていたのです。

しかし、長く落ち込んでいるジェームズをついにその悲嘆から救ってくれたのは、まだ小さかった娘たちによる、よくあるおねだりでした。娘たちは父親に、中古で買った古くてみすぼらしい自転車をもうちょっと素敵に見えるようにしてくれとせがんだのです。ジェームズは言われるがままに（たいして乗り気でもなく）うなずきました。そしてソファから重い腰を上げて立ち上がり、自転車リメイクプロジェクトに着手しました。

まず、少女たちの自転車を鮮やかな赤のグラデーションで塗ります。それからスポーク輪止めを銀色で霜のように覆い、サドルのポールは床屋の看板みたいなストライプに塗り分けます。塗料が乾いたら、今度は金と銀の細かな星を何百個も、ごく精密な星座を描くように自転車全体にちりばめます。待ちきれない娘たちには急かされたけれど、気がつくとジェームズは星を描くのをやめられなくなっていたといいます（「四角星、六角星、ごくたまに縁飾りのある八角星なんかも取り入れて」)。それは、自分でも信じられないほど満足感のある仕事でした。

ようやく仕上がると、娘たちは魔法の自転車としてよみがえった愛車に歓声を上げ、さっそく乗り回しに出かけました。お手柄の彼はといえば、さてこの次は何をしようかと、ただぼんやり考えていました。

翌日、娘たちは近所に住む同じ年頃の少女を家に連れてきました。少女は、自分の自転車もミスター・ジェームズに塗ってもらえないか、お願いしに来たのです。ジェームズは承知します。リクエストされたのには何らかの意味があるのだと考えました。手がかりが導いてくれるのに従ったのです。この少女の自転車が仕上がると、また別の子がやって来ました。次々に子どもたちが自転車を持ってあらわれ、簡素な自転車を星のちりばめられたアート作品に変身させてもらおうと順番待ちが発生するまでになりました。

こうして、同世代中もっとも影響力の大きい作家のひとりである彼が、数週間も私道に座り込み、近所の子どもたち全員の自転車に何千もの小さな星を描き続けたのです。この作業をしながら、彼はゆっくりと理解していきました。「失敗には役割がある。失敗することによって、自分はいったい創作活動を続けたいのかやめたいのか、はっきりと理解することができる」。自分でも驚いたことに、ジェームズの答えは「続けたい」でした。もっと創作表現をしたい、というのが彼の本心だったのです。

その時点では、作りたいものといえば美しい星をちりばめた子ども用の自転車でした。しかし、そうやって手を動かしているうちに、彼のなかで何かが癒されていきました。そして同時に、何かがよみがえってくるのを感じたのです。最後の自転車を飾り終え、彼の心のなかの宇宙に浮かぶすべての星を描き終えたとき、クライヴ・ジェームズはついにこんな境地にたどり着いたといいます。いつかこのことを文章に書こう。

この瞬間、彼は解放されました。

失敗は去り、クリエイターである自分を取り戻したのです。

ほかのことをやってみる。それも一所懸命にやる。これこそ、ジェームズが無気力地獄から抜け出して、そのままビッグ・マジックのもとへ戻ることができた秘訣でした。

作品を発表するときの「断固たる信頼感」

創造活動において、最後の、そして時にはもっとも難しい信頼の行為とは何でしょうか。それは、作品を仕上げて発表することです。

ここでの信頼感は、何よりも強固でなければなりません。「成功すると信じている」程度の信頼感は、断固たる信頼感ではなく、ただの無邪気な信頼感です。無邪気さはいったたん脇にどけておいて、はるかに頼りがいのある強力な何かのほうへ、一歩踏み出してください。

これまでも語ってきたように、そして誰もが内心ではわかっているように、創造表現の分野においては成功の保証などどこにもありません。今も、将来も、成功の保証は誰にもありません。

それでもあなたは、創作することを続けていくでしょうか？

最近、ある女性が私にこう言いました。「本を書く準備はほとんどできているのですが、私が期待しているような結果を、天が私などに与えてくれるとはどうしても思えなくて」。

ここで何と答えてあげればいいのでしょう？　水を差したくはありませんが、天は期待しているような結果を与えてくれはしないかもしれません。何かしらの結果を授けてくれることはたしかです。精神世界に傾倒している人たちならきっとこう言うでしょう。天はきっと彼女に必要な結果を与えてくれる。でも欲しがっている結果は与えてくれないかもしれない、と。

違います。そもそも、結果に大きく左右されてはいけないのです。

もし断固とした信頼感があれば、決然としてこの真理に沿って生きられるでしょう。「私は自分の価値を信じている。結果などどうでもいい。成果のあるなしにかかわらず、創造活動を続け、世に問うのだ。私は創造するために生まれてきたのだから、成果など関係ない。何があっても創造のプロセスを信じ続けるのだ」。

どの自己啓発本にもかならず載っている、こんな有名な問いがあります。「失敗しないとわかっていたら、あなたはどんなことをしてみたいですか？」。

私はこれ、ちょっと違うと思います。いちばん核心をつく問いは、むしろこうではないでしょうか。

「失敗する可能性が高いとしても、やりたいことは何ですか？」

失敗や成功という言葉が無関係なくらい、大好きなことは何だろう？

自尊心以上に愛しているものは何だろう？

その愛の対象を、どれくらい強く信じているだろうか？

「断固とした信頼感」という発想に、あなたは疑念や反発を覚えるかもしれません。叩きのめしてやりたくなるかもしれません。「成果はゼロかもしれないのに、なぜここまで大変な思いをしてものを作らなければならないんだ？」とでも言いたくなるでしょう。

これに対して、いたずら好きなトリックスターはにやりとした笑いとともにこう返すでしょう。「だって、楽しいからさ。違う？」。

とにかく、この世に生きている時間を使って、あなたは何をしたいのでしょうか——創造すること以外に、何かあるでしょうか？　ワクワクしなくてもいいのですか？　愛や好奇心の対象を追い求めなくてもいいのですか？

どちらにせよ、代わりの仕事や娯楽はいつでも見つけることができます。それに、あなたには自由意志があります。創造的な人生があまりにつらければ、あるいはあまりに見返りが少ないと思うのなら、いつでもやめることができます。

でも、まじめな話。ほんとうにやめたいですか？

だって、考えてもみてください。やめて、どうするのですか？

誇りを持って、舞踏場へ

20年前、パーティである男性と話をしました。彼の名前はとうに忘れてしまったか、そもそも名乗りあわなかったのかもしれません。この話を私にするためだけに、この人物は私の人生に登場したのかもしれない。ときどき、そんなふうに思ったりもします。というのも、彼が語ったエピソードを思い出すたび、私は気持ちが晴れ晴れとして、インスピレーションを与えられるように感じるからです。

その男性が話してくれたのは、アーティスト志望だった男性の弟の体験でした。彼は、がんばり屋の弟を心から愛していました。そして、弟の勇気と創造性と信頼の力を物語るエピソードとして、私にその体験を共有してくれたのです。
ここでは、彼の弟のことを「弟」と呼ぶことにしましょう。

「弟」は画家志望でした。働いて得たお金をすべて貯金し、美しいものやインスピレーションを与えてくれるものに囲まれて暮らすためにフランスに渡りました。毎日切り詰めて暮らし、毎日絵を描き、美術館を巡り、風光明媚な土地を訪ね、出会った人びとに勇気をもって話しかけ、絵を見てくれそうな人に作品を紹介したりして過ごしました。

ある日の午後、カフェにいた「弟」は、見目麗しい若者たちのグループとふとしたことからおしゃべりを始めます。そのうち、この若者たちが華麗なる貴族階級の人間だということがわかりました。麗しい貴族の若者たちは「弟」のことをいたく気に入り、週末にロワール渓谷にある城館で催されるパーティに彼を招待しました。富豪や、有名人や、ヨーロッパの王家に連なる貴族たちが集う、年に一度の最高に豪華なパーティだとのこと。しかも、仮面舞踏会で、ゲストはみな贅をつくしたコスチュームで集うのだとか。絶対来なきゃ損だよ。すごいコスチュームで来てね。貴族の若者たちは「弟」にそう念を押しました。

興奮した「弟」は、みんなをあっと驚かせるような衣装をこしらえようと、1週間かけて準備をしました。パリ中を駆けずり回って材料を探し出し、細部に凝りながらも大胆な、創造性を発揮したコスチュームを作り上げたのです。

そして当日、車を借りて、パリから3時間離れたところにある城館へ向かいました。車の中で衣装に着替えた「弟」は、城の入り口の階段を上りました。執事に名を告げると、執事は招待者名簿に彼の名前があることを確認し、うやうやしく建物へ招き入れてくれました。そして「弟」は、胸を張って舞踏場に足を踏み入れます。

その瞬間、彼は自分の犯した過ちに気づきました。

パーティは、たしかに仮装パーティではありました。友だちになったばかりの貴族の若者が嘘をついたわけではないのです。しかし、「弟」はフランス語で伝えられた内容をすべては理解していなかったようでした。パーティは、「中世の宮廷」をテーマにした仮装舞踏会だったのです。

「弟」は、ロブスターの格好をしていました。

ヨーロッパ屈指の富豪や麗人たちが、豪奢な衣装や凝った中世のドレス、代々受け継いだ宝飾品に身を包み、優雅な仕草で、第一級のオーケストラの奏でる曲に乗ってワルツを踊っています。「弟」はといえば、赤いレオタード、赤いタイツ、赤いバレエシューズ、巨大なウレタン製のハサミに身を包んでいました。顔も赤く塗ってあります。ここで述べておかなければならないのは、「弟」が6フィート〔約180cm〕の長身でかなりの痩せ型であったということ。ゆらゆら揺れるエビの触角を含めると、ますますひょろ長く見えました。

もちろん、この場でたったひとりのアメリカ人でもありました。

階段のいちばん上に立った「弟」にとって、これほど長く、恐ろしい瞬間はありませんでした。

恥ずかしさのあまり、すんでのところで逃げ出しそうになりました。この状況においてまともに振る舞うとすれば、そうするしかないように彼には思えたのです。でも、「弟」はそうしませんでした。どういうわけかそのとき、彼の肝が据わったのです。とにかく、こんなに遠くまで来たのだし、この衣装を作るのに大変な労力を費やした。それに、作った自分が誇らしくもありました。彼は深呼吸すると、ダンスフロアへと歩み寄りました。

アーティスト志望の若者としての経験がなかったら、これほど弱々しくてばかげた立場に踏みとどまるだけの勇気も出なかっただろうし、自分を許すことができなかっただろう。のちに彼はそう語ったそうです。それまでの人生における体験が、彼にこう悟らせました——そのまま行ってしまえ、「どうなるか」はわからないけれど。ロブスターの衣装は自分でこしらえたものです。だから、パーティではロブスターになるしかありません。彼がベストを尽くした結果がこの衣装なのです。持ち札はこれだけです。「弟」は自分と、ロブスターの衣装と、彼を取り巻く状況を信頼することにしました。

「弟」が貴族たちの輪の中へ入っていくと、全員がいっせいに黙りました。人びとは踊るのをやめ、オーケストラもぎくしゃくと演奏を中止しました。招待客たちが「弟」の周囲に集まり、とうとう誰かが口を開きました。いったいあなたの格好は何なのか。

弟は深く会釈をして、こう告げました。「ワタクシは宮廷ロブスターでございます」。

続いて起こった、大爆笑。

馬鹿にした笑いではなく、心からの楽し気な笑いでした。居合わせた人びとは「弟」のことが大好きになってしまいました。愛すべき性格も、おかしな格好も、巨大なハサミも、真っ赤なタイツに包まれた痩せたお尻も。彼こそが舞踏会のトリックスターとなり、パーティを最高に盛り上げてしまったのです。「弟」はなんとその夕べ、ベルギー女王と踊りさえしたのだといいます。


みなさん、彼を見習いましょう。

貴族の舞踏会に手作りのロブスターの衣装で登場した男の子と同じ、いたたまれない気持ちになるようなことを、私も、今までの人生でいくたびかやらかしてきました。**そんなときも、何としてでも決然と舞踏場に入ってゆき、堂々と顔を上げるのです。**それでよいのです。ありのままの自分を見せましょう。絶対に謝ったり、言いわけをしたり、恥ずかしがったりしてはいけません。知恵を絞ってできるだけのことをした。持っているものを使って工夫した。持てる時間をすべて費やした。そしてゲストとして舞踏会にやって来た。それ以上、何もできはしません。

パーティ会場から追い出されるかもしれません。しかし、そうならないかもしれない。少しも問題はないかもしれないのです。想像しているよりも、舞踏会というものは人を温かく迎え入れ味方になってくれるものです。あなたのことをすばらしい、素敵だ、と思ってくれる人がいるかもしれません。王室の人たちと踊るチャンスがあるかもしれません。あるいは、不格好なウレタン製のハサミを振り回しながら、お城の片隅でひとりぼっちで踊る羽目になるかもしれません。

それでもいいのです。ときにはそんなことだってあります。

ただし、絶対に、踵を返してその場を去るべきではありません。せっかくのパーティに参加できなくなります。そんなの、残念ではありませんか。

いいですか。はるばるここまでやって来たのも、大変な労力を費やしたのも、直前になってパーティに出るのを取り消すためではないのです。

Last Chapter

ビッグ・マジックが起こした奇跡

神聖なるものと創造性

最後に、バリ島で聞いた話をしましょう。バリの文化に見られる創造性は、西欧社会のそれとはかなり違った形であらわれます。この話は、私の古い友人で師とも仰ぐ、治療師のクトゥ・リエールに聞きました。数年前に私をその庇護のもとに置いてくれ、限りない知恵と慈しみの心を分け与えてくれた人物です。

クトゥによれば、バリ舞踊は世界最高峰の芸術表現だそうです。古代より継承されている精緻で複雑なバリ舞踊は、神に捧げる踊りでもあります。数百年ものあいだ、寺院での儀式の一環として、祭司の指揮のもとで踊られてきました。振り付けは厳重に保存されており、何世代にもわたって元の姿のまま受け継がれてきています。バリ舞踊のそもそもの目的は、万物の安寧を祈ること。バリの人びとにとってこの舞踊は決して軽々しく考えられるものではないのです。

さかのぼること1960年代初頭、バリ島にとって初めての観光ブームが起きました。海外からの観光客は、神聖なバリ舞踊にすっかり魅せられてしまいます。バリの人びとはこの芸術を披露するのにいささかのためらいも持ちませんでした。観光客を寺院に迎え入れ、ダンスを鑑賞してもらったのです。この特別な計らいには少額の拝観料が徴収されましたが、観光客は喜んでこれを支払い、誰もが満足していました。

ところが、この伝統芸術が観光の目玉として人気を博すようになると、寺院は観客を収容しきれなくなり、現場は混乱をきたしはじめました。しかも、寺院はかならずしも居心地のよい場所ではありませんでした。観光客はクモが這い回るじめじめした床にじかに座らなければならなかったのです。

そこで、ある知恵者のバリ人が、観光客に寺院に来てもらうのではなく、ダンサーたちを観光客のいる場所に派遣してはどうか、と考えました。赤く日焼けしたオーストラリア人観光客にとっては、じめじめした暗い寺院の中よりも、たとえばリゾート施設のプールサイドでダンスを観るほうが、ゆっくり快適に楽しめるに違いない。そういう場所なら、カクテルを飲みながら観ることもできる。ますますダンスを堪能してもらえそうじゃないか！　しかも、より多くの観客を呼び込めるから、ダンサーたちの収入も増えるかもしれない。

こうして、神聖なるバリ舞踊はリゾート施設で踊られるようになりました。観客がより快適に鑑賞できる場所で有料のショーを上演し、誰もが満足しました。

しかし、不満を持っている人たちもじつはいたのです。

欧米からの観光客のなかには高い教養を誇る人たちがいて、彼らはこの状況に啞然としました。崇高なバリ舞踊に対する冒瀆だ！　バリ舞踊は神聖なダンスであり、神に捧げる芸術なのに！　ビーチリゾートなどという世俗的な場所で聖なるダンスを披露するとは――しかも営利目的で！　唾棄すべき事態！　魂と芸術と文化を、金儲けの道具にしている！　神を汚す行為だ！

西洋の教養人たちはこの懸念をバリの祭司たちに訴えました。「冒瀆」という、厳格で不寛容な、バリ人の発想にはない概念の解釈にいささか苦しんだものの、祭司たちはこの訴えを神妙に拝聴しました。

西洋人の言う「聖」と「俗」の区別も、彼らにとっては漠然としたものでした。バリ人祭司たちは、いったいなぜ西洋の教養人たちがビーチリゾートを俗であるとみなすのかが、いまひとつ判然としませんでした（この地上のどこにでもおられる神が、ビーチリゾートにはいないというわけか？）。それに、濡れた水着を着たままの人懐っこいオーストラリア人観光客たちが、マイタイを飲みながら神聖なダンスを鑑賞することの、どこがいけないのかも、よく理解できませんでした（とても感じのよい友好的な人たちなのに、美しいものを見せてあげてはいけないのだろうか？）。

しかし、あきらかに西洋の教養人たちはこの展開に対して怒りを覚えている。客人の気を悪くさせないよう気遣うことで有名なバリの人びとは、さっそくこの問題の解決に乗り出しました。

集まった祭司たちと舞踊教師たちから、すばらしいアイデアが出されました。気楽と信頼という、奇跡のようなバリの価値観が、彼らにインスピレーションを与えたのです。そのアイデアとは、神聖ではない踊りを考案し、「世俗的舞踊」であると認められた演目だけをリゾートで観光客向けに上演するというもの。そして神聖な踊りは寺院に戻し、宗教儀式のためにのみ用いるよう、取り決めるのです。

計画通りに事は進みました。バリの人びとはいともたやすく案を実行に移し、トラブルもトラウマもありませんでした。古来の神聖な踊りから手ぶりやステップを取り入れて考案された新しい踊りは、基本的にはでたらめな代物でした。こうして、何の意味もない、ぐるぐる回るだけのダンスは、リゾート施設で有料上演されはじめました。誰もが満足していました。ダンサーたちは踊る機会を得られ、観光客は出し物を楽しみ、祭司たちは寺院へのお布施を手にすることができるからです。誰よりも安堵したのは西洋の教養人たちでした。なぜって、「聖」と「俗」の区別が無事復活したのですから。

すべてが元のさやに収まり、落ち着いたかに見えました。

しかし、実際にはそうではなかったのです。

現実世界では、ものごとは落ち着いたりなどしないものです。

何が起こったか。発明されてから数年経つうちに、あのばかげたダンスはどんどん洗練されていきました。若い世代の踊り手がこの新しいダンスをマスターし、さらに自由で独創的な新しい感覚で、とてつもなく壮麗な演目に作り変えていったのです。それどころか、この踊りはなんと神がかりのレベルにまで到達していました。気軽な降霊術の会に、神が本気で降りてきてしまった、これもその一例です。踊り手たちは、精神的な要素は皆無なダンスを目指していたのに、知らないうちになぜかビッグ・マジックを呼び寄せていたのです。しかも、リゾート地のプールサイドで。当初は観光客と自分たちの楽しみのためだけに催していたエンタテインメントが、今では夜ごとの神事となり、誰もが鑑賞できるようになっています。この新しい踊りが、古びた聖なる踊りより一層神秘性を増したことに、もはや異論の余地はありませんでした。

この現象に気づいたバリ人祭司たちは、とてもよいアイデアを思いつきました。この新しい偽バリ舞踊を、寺院での伝統的な神事に取り入れて、祈禱のひとつの形式としてみてはどうだろうか？

というよりもどうだろう、古びた聖なる踊りのいくつかを廃止して、そのかわりに新しい偽バリ舞踊を神に捧げてみては？

彼らはこの思いつきを実行しました。

この時点で、古びた神聖なる踊りから意味は失われ、もともと意味のなかった踊りが神聖な儀式の一部になったのです。

誰もがこの結果に満足しました——教養ある西洋人たちを除いては。彼らはすっかり困惑してしまいました。何が聖で何が俗か、もはやわけがわからなくなってしまったからです。聖と俗が混じりあう世界。高尚と低俗、軽薄と重厚、善と悪、われわれと彼ら、神と大地……あらゆる境目があいまいです。このおおいなる矛盾に、教養ある西洋人たちはただただ呆然とするしかありませんでした。

そして私には、この一連の出来事が最初から最後まで、トリックスターも真っ青な祭司たちのたくらみによるものだったような気がしてならないのです。

結びにかえて

創造性は神聖です。そして神聖ではありません。
創造した作品はかけがえのないものです。そして何の価値もありません。
私たちはひとりぼっちで必死に働きます。そして精霊に見守られています。
私たちは恐怖におののきます。そして勇気を持っています。
芸術は死ぬほどつらい作業です。そして大変な恩恵です。
戯れが最高潮に達したときに、ようやく神聖な力が本気を出します。

これらすべての矛盾を、等しく真実として取り込めるくらい、魂にゆとりを持ってください。そうすれば、何でも作ることができます。私が保証します。

さあ、心を落ち着けて。すべきことをしに戻りましょう。もう、大丈夫ですよね？

あなたのうちに眠る宝が、あなたが「イエス」と言ってくれるのを待ちわびていますよ。

謝辞

私を支え、励まし、刺激を与えてくれたみなさんに、心からの感謝を捧げます。ケイティ・アーノルド＝ラトリフ、ブレネー・ブラウン、チャールズ・ブカン、ビル・バーディン、デーヴ・ケイヒル、セイラ・シャルファント、アン・コーネル、トラム＝アン・ドアン、マーカス・ドール、ラヤ・エリアス、ミリアム・フエール、ブレンダン・フレデリクス、故ジャック・ギルバート、マミー・ヒーリー、リディア・ハート、アイリーン・ケリー、ロビン・ウォール・キメラー、スーザン・キテンプラン、ジェフリー・クロスキ、クリー・ルファヴォール、キャサリン・レント、ジーン・マーティン、セイラ・マクグラス、マデライン・マッキントッシュ、ジョゼ・ヌネス、アン・パチェット、アレクサンドラ・プリングル、レベッカ・サルタン、ウェイド・シューマン、ケイト・スターク、メアリー・ストーン、アンドリュー・ワイリー、ヘレン・イエンタス——そしてもちろん、ギルバートとオルソン両家の人びとに。彼らの働く姿から、私は作り手であることを学びました。

ＴＥＤカンファレンスの関係者のみなさんにも、感謝を捧げます。ＴＥＤの大舞台で（なんと2回も)、精神的で型破りな、創造性に関する話をする機会を与えていただきました。TEDでのスピーチは、さらに考察を深めるきっかけとなりました。ありがたい経験でした。

このプロジェクトを快く迎えてくれたエッツィにもお礼を申し上げます。今までさまざまな創造的プロジェクトを実現することができたのも、彼女のおかげです。エッツィ、あなたこそ、本書の内容をすべて体現している人間です。

最後に、フェイスブックでお友だちになってくれた素敵なみなさんに、愛と感謝を捧げます。みなさんの質問や意見、大胆な自己表現によって日々躍進をしている刺激的な姿がなかったら、この本はきっと生まれなかったことでしょう。

エリザベス・ギルバート

BIG MAGIC

「夢中になる」ことからはじめよう。

発行日　2017年10月15日　第1刷

Author　エリザベス・ギルバート
Translator　神奈川夏子（翻訳協力：株式会社トランネット）
Book Designer　アルビレオ
Publication　株式会社ディスカヴァー・トゥエンティワン
〒102-0093　東京都千代田区平河町2-16-1平河町森タワー11F
TEL　03-3237-8321（代表）／FAX　03-3237-8323
http://www.d21.co.jp

Publisher　干場弓子
Editor　松石悠
Marketing Group Staff　小田孝文　井筒浩　千葉潤子　飯田智樹　佐藤昌幸　谷口奈緒美　古矢薫　蛯原昇　安永智洋　鍋田匠伴　榊原僚　佐竹祐哉　廣内悠理　梅本翔太　田中姫菜　橋本莉奈　川島理　庄司知世　谷中卓　小田木もも
Productive Group Staff　藤田浩芳　千葉正幸　原典宏　林秀樹　三谷祐一　大山聡子　大竹朝子　堀部直人　林拓馬　塔下太朗　木下智尋　渡辺基志
E-Business Group Staff　松原史与志　中澤泰宏　中村郁子　伊東佑真　牧野類
Global & Public Relations Group Staff　郭迪　田中亜紀　杉田彰子　倉田華　鄧佩妍　李瑋玲
Operations & Accounting Group Staff　山中麻吏　吉澤道子　小関勝則　西川なつか　奥田千晶　池田望　福永友紀
Assistant Staff　俵敬子　町田加奈子　丸山香織　小林里美　井澤徳子　藤井多穂子　藤井かおり　葛目美枝子　伊藤香　常徳すみ　鈴木洋子　内山典子　石橋佐知子　伊藤由美　押切芽生　小川弘代　越野志絵良　林玉緒
Proofreader　株式会社鷗来堂
DTP　アーティザンカンパニー株式会社
Printing　大日本印刷株式会社

ISBN978-4-7993-2178-2